Bündnis 90/ Die Grünen

Ein alternativer Verfassungsschutzbericht und die unzensierte Geschichte von Bündnis 90/Die Grünen

VAWS-Pressebüro

Dieses Buch ist vor Drucklegung anwaltlich dahingehend geprüft worden, dass weder Inhalt noch Aufmachung irgendwelche BRD-Strafgesetze verletzen oder sozialethische Verwirrung unter Jugendlichen auslösen.

© VAWS • Postfach 101350 • D-47013 Duisburg

Telefon 0208-5941661 • Telefax 0208-5941669

vaws-musicfactory@t-online.de • www.vaws.de

Auflage 2021

ISBN-10: 3-927773-94-8

ISBN-13: 978-3-927773-94-3

Inhalt

Einleitung

Konnten wir einst mit der Partei DIE GRÜNEN noch etwas anfangen, so wurde uns schnell bewusst, dass im Laufe der Zeit Umweltschutz sowie Friedenspolitik bei der Partei in den Hintergrund gerieten. Migrationspolitik (auf dem Weg zur One-World-Monokultur), Europäische Union (auf dem Weg zum Superstaat Großeuropa), Gleichschaltung (Individualismus war gestern) und Antifaschismus (was man dafür hält) ließen DIE GRÜNEN zu Kommunisten/Marxisten mutieren.

Natürlich spricht nichts dagegen Menschen in Not zu helfen, das Ziel der grünen Flüchtlings- und Migrationspolitik ist jedoch ein anderes. Dies brachte das ehemalige Landesvorstandsmitglied der Grünen in Sachsen-Anhalt, Sebastian Striegel, mit dem Slogan »*Zuwanderung bis zum Volkstod*« deutlich zum Ausdruck. Nun mögen sich die Populisten bei den Grünen wieder damit herausreden, diese Aussage war eine Provokation oder ist nur falsch verstanden worden - wie fast immer bei solchen Fehlgriffen. Mag sein, aber sie wurde getätigt.

Stellen wir nur den Einsatz von BÜNDNIS 90/DIE GRÜNEN in Sachen Migration ins Verhältnis zum Einsatz für einheimische Kinder in unserem Land. Bei Letzterem kam uns bei der Überarbeitung dieses Buches eher der Eindruck, dass Kinder für Grüne eher Ware für sexuelle Handlungen als schützenswerte Leben sind. Natürlich wurde dieses Kapitel bei BÜNDNIS 90/DIE GRÜNEN »aufgearbeitet« - mehr schlecht als recht. Und nun wirken alle ehemaligen »Ich will Sex mit Kleinkindern«-Akteure, bzw. jene, die es praktiziert haben, wie potenzielle Anwerber für die Auszeichnung »Herausragender Einsatz für Kinder«.

Dann wäre da der Antifaschismus, der bei den Grünen mehr und mehr paranoide Züge zeigt. Es wirkt lächerlich bei der Betrachtung, wo überall Faschismus von grünen Akteuren gesehen und damit leider auch noch Existenzen vernichtet werden. Manche Straßennamen - faschistisch, einige Klassiker der deutschen Literatur - rassistisch, Opposition im Parlament - alte Nazis, Polizisten - rechtsradikal ... Scheinbar ist für sie in Deutschland alles faschistoid.

Jetzt befindet sich BÜNDNIS 90/DIE GRÜNEN auf einem Höhenflug, die Kommunisten haben sich scheinbar in die Hinterzimmer begeben und die ehemalige Parteivorsitzende der Grünen, Jutta Ditfurth brachte das zum Ausdruck, was wir uns zu den aktuellen Führungspersonen der Grünen dachten: »*Die grüne Parteispitze scheint wie von einer PR-*

Agentur geschaffen.« Wenn die alten weißen Frauen und die alten Männer bei den Grünen mit ihrem Erscheinungsbild und den verstaubten kommunistischen Idealen nichts mehr reißen, dann, ja dann können wir nur Frau Ditfurth beim Wort nehmen. Bei dem sympathischen Erscheinungsbildern einer Annalena Baerbock und Robert Habeck tut dann auch Unwissenheit (Kobold/Cobalt) und (Gigabyte/Gigawattstunde) der Sympathie keinen Abbruch und die populären Darsteller steigen weiter in der Gunst der Wähler. Ein Lächeln hier, ein Muster an Schwiegersöhnchen dort und Kindersex, Kommunismus (80 Millionen Tote) und Straftäter sind schnell vergessen.

Vergessen können BÜNDNIS 90/DIE GRÜNEN gut. Traten die Grünen nicht einst als Anti-Partei an, *»Nicht links, nicht rechts, sondern vorn«*?

BÜNDNIS 90/DIE GRÜNEN haben sich heute hervorragend im Parteiengefüge eingelebt. Petra Kelly würde heute *CDU/CSU, SPD, FDP*, BÜNDNIS 90/DIE GRÜNEN als *»faktisch schon eine Allparteienkoalition«* betiteln. *»Nicht links, nicht rechts«*? Welcher Mensch würde heute die Partei nicht als politisch links bezeichnen. Einen Gruß an Jutta Ditfurth - es gibt natürlich Ausnahmen. Diese Wertung dürfte sich allerdings mehr auf die Lobbyarbeit und die Villa von Joschka Fischer beziehen.

Andererseits sind BÜNDNIS 90/DIE GRÜNEN Weltmeister in Sachen Vergangenheitsbewältigung - sofern es nicht ihre eigene Vergangenheit ist. Schließlich vergeht kein Tag, ohne das leidige NS-Thema irgendwie auf die Bühne zu zerren. Dem möchten wir uns hiermit gerne anschließen - nicht mit der Vergangenheit vor mehr als 70 Jahren, sondern mit der vor rund 40 Jahren. Im Gegensatz zum untergegangenen *Dritten Reich* sitzt nicht die *NSDAP*, sondern BÜNDNIS 90/DIE GRÜNEN in den Parlamenten. Ups, das war ein Eigentor! Sitzen laut einem Abgeordneten von BÜNDNIS 90/DIE GRÜNEN heute doch wieder Nazis im Bundestag. Wahrscheinlich hat Cem Özdemir in seinen Vorstellungen die *Alternative für Deutschland (AfD)* mit schwarz-weiß-roten Fahnen, in Braunhemden und mit Fackeln in den Bundestag einziehen sehen. Wer hingegen in ehemaligen *CDU*-Politikerkreisen der *AfD* weniger das Konservative und mehr das Nationalsozialistische sieht, sollte sich fragen, ob er als Politiker den richtigen Beruf gewählt hat. Paranoide aller Welt vereinigt euch! Andererseits ist es nicht untypisch für Linke und Kommunisten, von eigenen Fehlern/von der eigenen Unfähigkeit abzulenken, indem pausenlos das Feindbild Faschismus aufgezeigt wird.

Apropos Nazis. Herrn Özdemir ist es offensichtlich entgangen, wie einst DIE GRÜNEN in Deutschland entstanden sind, respektive, woher viele der wiederaufbereiteten Ideen stammen.

»*Opa, warum sind die Fische tot? Weil die Industrie das Rheinwasser vergiftet hat*«. Klingelt es, Herr Özdemir? War der Opa in dem TV-Wahlwerbespot für DIE GRÜNEN doch kein anderer als Werner Vogel. Ein strammer SA-Mann (bereits vor 1934) und seit 1938 auch Mitglied der *Nationalsozialistischen Deutschen Arbeiterpartei (NSDAP)* und Beamter im Berliner Reichsministerium des Inneren. OK, er zog 1983 nur kurz in den Deutschen Bundestag ein, weil die Presse bereits Wind bekommen hatte. Das ändert allerdings nichts an der Tatsache, dass er dem NRW-Landesverband der Grünen bereits zwei Jahre zuvor seine NS-Vergangenheit offenbarte. Nachfolgend werden in diesem Buch noch eine Reihe weiterer derartiger Informationen veröffentlicht.

Bei der Gelegenheit sei aber zumindest noch erwähnt, dass der zuvor genannte Wahlwerbespot (aus dem Jahr 1980) - mehrfach mit Werner Vogel - im Jahr 2006, ausgerechnet vom Landesverband NRW von BÜNDNIS 90/DIE GRÜNEN, auf *YouTube* hochgeladen wurde (https://www.youtube.com/watch?v=lQ6jhSQCUQc). Böse Zungen könnten hier NS-Nostalgie unterstellen. Zumindest könnten wir uns vorstellen, dass Sie das einer unliebsamen Oppositionspartei unterstellen würden.

Wir schreiben los, ein Buch über DIE GRÜNEN. Stoßen bei unserer Arbeit auf geschönte Biografien, wobei die kommunistische/terroristische Vergangenheit nicht selten verdrängt wird.

Verdrängt, so wirkt auch die niedergeschriebene geschichtliche »Aufarbeitung« der Parteigeschichte zum Thema Pädophilie, bei deren Lesen der Eindruck entsteht, hier könnte jemand an Gedächtnisverlust leiden.

Wir mussten schmunzeln. Gleicht doch die Darstellung der eigenen Gründungsgeschichte der Partei DIE GRÜNEN dem Werk eines Geschichtshistorikers, der in einem Buch über die deutsche Geschichte den Zweiten Weltkrieg vergessen hat.

Beseitigen wir den Staub, der auf den Akten der alten weißen Frauen und Männer von BÜNDNIS 90/DIE GRÜNEN lastet. Kehren wir das Unterste nach oben und präsentieren Ihnen hiermit den alternativen Verfassungsschutzbericht des VAWS-Pressebüros.

Ein besonderer Dank gilt einigen früheren Vorstandsmitgliedern der Aktionsgemeinschaft Unabhängiger Deutscher (AUD) die uns über viele Jahre zu der Thematik dieses Buches beratend zur Seite standen. Insbesondere ist zu nennen, der frühere Landesvorsitzende der AUD in NRW, Martin Voigt.

Ebenso ein besonderer Dank an den Friedensforscher Dr. Alfred Mechtersheimer †, Mitglied des Deutschen Bundestages (1987-1990), Abgeordneter für die Partei »DIE GRÜNEN«. Auch er stand seit Ende der 1980er Jahre bis weit in die 1990er beratend zur Seite und gab uns hilfreiche Informationen, die dieses Buch ermöglicht hatten.

Die unzensierte Geschichte und Vorgeschichte der Partei BÜNDNIS 90/DIE GRÜNEN

Die unzensierte Geschichte und Vorgeschichte der Partei BÜNDNIS 90/DIE GRÜNEN

Über die Entstehungsgeschichte der Partei DIE GRÜNEN ist wenig bekannt. Vielleicht liegt den Akteuren und Funktionären heute nicht mehr viel an der Ursprungsgeschichte dieser Bewegung. Auf der anderen Seite mag es sein, dass die eigene Geschichte bewusst gerne unter dem Mantel des Verschweigens gehalten wird. Auch die meisten Kritiker setzen sich weniger mit der Geschichte als mit einigen Teilbereichen dieser auseinander.

Da sich die Vergangenheit der Grünen quer über alle politischen Lager erstreckt, wäre ein enormes Maß an Objektivität erforderlich, um die Geschichte dieser Partei aufzuarbeiten. Mit einer solchen Objektivität können wir nicht dienen und halten uns daher an den Philosophen und Soziologen Jürgen Habermas und arbeiten an einer Offenlegung *»erkenntnisleitender Interessen«*.

Die Geschichte des Umweltschutzes beginnt lange vor der eigentlichen Gründung der Partei DIE GRÜNEN Ende der 1970er Jahre. Noch hintergründiger betrachtet - und das wird den Parteioberen bei BÜNDNIS 90/ DIE GRÜNEN sehr unangenehm sein - breitflächiger und als staatliche Verordnung im Nationalsozialismus, was erst bei der genaueren Betrachtung deutlich wird.

Natürlich gab es bereits viel früher Organisationen, die für den Naturschutz aktiv waren. Als Beispiel sei hier der 1899 gegründete *Bund für Vogelschutz (BfV)* genannt.[1] Dies waren hingegen meist Organisationen, die sich auf Teilgebiete des Naturschutzes beschränkten und sich eine allumfassende Naturschutzorganisation wünschten. Wahrscheinlich ist es daher nicht verwunderlich, dass die Gründerin und Vorsitzende des *BfV* Lina Hähnle 1933 in dem neuen Reichskanzler einen Mann sah, *»der die Deutschen aus der Verbundenheit mit der Natur heraus gesunden lassen will«*.[2]

Bei einem Blick auf die Naturschutzbewegung vor dem Zweiten Weltkrieg in Deutschland hebt sich die Zeit des nationalsozialistischen Deutschlands hervor. In dieser Zeit erfährt der Schutz der Natur eine umfassende staatliche Institutionalisierung. Es entstand eine Parallelstruktur von amtlichem und ehrenamtlichem Naturschutz. Durch das 1935 in Kraft getretene Naturschutzgesetz[3] wurde der Schutz der Natur verordnet und als staatliche Aufgabe gesehen. Unter dem Gesichtspunkt, dass vier Jahre später der Zweite Weltkrieg begann, konnten jedoch nicht viele Pläne umgesetzt werden. Es wurden rote Listen bedrohter Tierarten erstellt.[4] Naturschutzgebiete wurden errichtet[5], die bis heute fortbestehen. Die nationalsozialistische Weltanschauung war also grüner, als es BÜNDNIS 90/DIE GRÜNEN heute lieb ist. So ist es wahrscheinlich auch nicht verwunderlich, dass viele der Naturschützer aus der NS-Zeit später Gründungsmitglieder der Partei DIE GRÜNEN waren und als Geburtshelfer einer angeblich völlig neuartigen Bewegung fungierten. Dabei passte Vieles von dem grünen Weltbild in die Weltanschauung ihrer Jugend - die Natur als geistiger Bezugspunkt.

Fast 10 Jahre vor Gründung der Partei DIE GRÜNEN erschien das Buch »*Die acht Todsünden der zivilisierten Menschheit*« von Konrad Lorenz. Dieser Textband basiert auf einer sechsteiligen Vortragsreihe, die 1970 im Rundfunk ausgestrahlt wurde. Das Buch war neben dem Buch »*Die Grenzen des Wachstums*« wegbereitend für die Umweltschutzbewegungen der 1970er und 1980er Jahre. Aus dem Inhalt des Buches: Überbevölkerung, Verwüstung des natürlichen Lebensraums, Wettlauf der Menschheit mit sich selbst. Der Autor, Konrad Lorenz, ein Jugendfreund von Karl Popper (Offene Gesellschaft), aber selbst ein strammer Nationalsozialist und Mitglied der *NSDAP*. Konrad Lorenz in seinem Aufnahmegesuch an die NSDAP vom 28. Juni 1938: »*Ich war als Deutschdenkender und Naturwissenschaftler selbstverständlich immer Nationalsozialist*«; »*Ich habe unter Wissenschaftlern und vor allem Studenten eine wirklich erfolgreiche Werbetätigkeit entfaltet, schon lange vor dem Umbruch war es mir gelungen, sozialistischen Studenten die biologische Unmöglichkeit des Marxismus zu beweisen und sie zum Nationalsozialismus zu bekehren.*«[6]

Wir werden am Ende des Buches näher auf die Thematik Nationalsozialismus und Naturschutz eingehen und leiten hier über zu einer unzensierten, chronologischen Geschichte der Partei DIE GRÜNEN. Dabei sei angemerkt, dass wir diese in mühseliger Kleinarbeit zusammengetragen haben, da eine solche Zusammenstellung offensichtlich bis heute nicht vorlag.

Bei Landtags- und Kommunalwahlen traten vor der Gründung der Partei DIE GRÜNEN, am 12./13. Januar 1980 verschiedene Parteien und Wahlbündnisse aus Alternativen, Bunten Listen, der Umweltschutz- und Anti-Atomkraft-Bewegung an. Wir beginnen bei einer älteren und damals für die Entstehung der GRÜNEN wichtigen Partei, der **Aktionsge-**

meinschaft Unabhängiger Deutscher (AUD). Die **AUD** hat sich am 27. April 1980 zugunsten der im Januar gegründeten Partei DIE GRÜNEN aufgelöst.

Chronologie der unzensierten Gründungsgeschichte der Partei BÜNDNIS 90/DIE GRÜNEN

15./16. Mai 1965

Die **Aktionsgemeinschaft Unabhängiger Deutscher (AUD)** wurde am 15./16. Mai 1965 in Homberg von Hermann Schwann (*NSDAP*-Mitglied seit 1933 und 1953-1957 Bundestagsabgeordneter der *Freien Demokratischen Partei (FDP)*) aus den drei Parteien *Deutsche Gemeinschaft (DG)*, *Deutsche Freiheitspartei (DFP)* und Teilen der *Vereinigung Deutsche Nationalversammlung (VDNV)* gegründet.[7] Darunter waren Mitglieder aus der 1945 verbotenen *Nationalsozialistischen Deutschen Arbeiterpartei (NSDAP)*, der 1952 verbotenen *Sozialistischen Reichspartei (SRP)* und der *Deutschen Reichspartei (DRP)* - vor allem jene, die ein neutrales und blockfreies Deutschland anstrebten.[8,9,10] Zu den prominenten Mitgliedern der **AUD** gehörte Prinz Friedrich Christian zu Schaumburg-Lippe, der frühere Adjutant des Reichsministers für Volksaufklärung und Propaganda Dr. Josef Goebbels.[11] Zu den Referenten bei der **AUD** gehörte 1967 der ehemalige Reichswirtschaftsminister (1934-1937) und finanzielle Förderer der *NSDAP*, Hjalmar Schacht. Laut Wikipedia war er sogar Mitbegründer der **AUD**, was jedoch bestritten werden darf.[12,13]

Zur Arbeitstagung der **AUD** am 17./18. August 1968 ließ Hermann Schwann wissen, dass er aus gesundheitlichen Gründen von seinem Amt als Parteivorsitzender entbunden werden möchte. August Haußleiter übernahm daraufhin geschäftsführend den Posten des Parteivorsitzenden.[14]

Ziel der **AUD** war es zu dieser Zeit u.a., möglichst viele außerparlamentarische oppositionelle Parteien und Gruppierungen für Wahlbündnisse zusammenzubekommen, wozu auch Verhandlungen mit der *Außerparlamentarischen Opposition (APO)* gehörten. Dazu gab der geschäftsführende Vorsitzende der **AUD**, August Haußleiter, am 21.10 1968 folgende Erklärung ab:

»In den Homberger Beschlüssen der AUD wurde nach eingehender Beratung der Satz aufgenommen „Die Grenzen sind dort gezogen, wo das Prinzip der politischen Unabhängigkeit, der Demokratie und des Friedens für unser Volk gefährdet würde". Dieser Satz schließt, wie in Homberg festgestellt wurde, jedes Gespräch mit der NPD [Nationaldemokratische Partei Deutschlands] *aus. Das Gleiche gilt für die von*

Ostberliner und Moskauer Stellen abhängige DKP [Deutsche Kommunistische Partei] ...«[15]

In den darauffolgenden Monaten fanden innerhalb der **AUD** heftige Diskussionen statt. Während man sich in der Frage der Öffnung in Richtung *NPD* (Pro-NATO-Kurs) ablehnend einig war, erhitzen sich die Gemüter in der Frage nach der Öffnung in Richtung *APO* zu der auch Terroristen wie Fritz Teufel *(Bewegung 2. Juni)*, Dieter Kunzelmann *(Tupamaros)* und Ulrike Meinhof *(Rote Armee Fraktion)* gehörten. Auch die von der *SED*-Diktatur finanzierte *Deutsche Kommunistische Partei (DKP)* mischte dort mit.[16]

Letztendlich traten immer mehr Mitglieder Ende der 1960er Jahre aus der **AUD** aus, weil ihnen diese Öffnung zur *APO* zu weit ging, was zur Gründung der *Unabhängigen Nachrichten (UN)* führte. Einer der Gründer der *Unabhängigen Nachrichten* ist der frühere Landesvorsitzende der **AUD** in Nordrhein-Westfalen.

Eine Entwicklung, die der damalige Vorsitzende August Haußleiter nicht nur nicht verhindert hat, sondern unterstützte. Der gesamte Landesverband NRW der **AUD** trat 1969 aus der Partei aus. Letztendlich waren es rund ein Drittel der Mitglieder, die sich von der **AUD** verabschiedeten. Die bereits geringen Wahlerfolge (Berlinwahl 1,1 Prozent) wurden nach der Austrittswelle noch schlechter und pendelten sich bei 0,0-0,1 Prozent ein.[17] Die Partei versank in der Bedeutungslosigkeit und nur die Grundideen der **AUD** (Lebensschutz, fremde Truppen raus aus Deutschland, weder rechts noch links, sowie ein neutrales Deutschland) blieben und wurden 1979 bei der Entstehung der Grünen Bewegung in die Programmatik aufgenommen.

Am 27. April 1980 erfolgte ein Auflösungsbeschluss der **AUD** zugunsten der im Januar gegründeten Partei DIE GRÜNEN. Der **AUD**-Vorsitzende August Haußleiter wurde Parteisprecher der GRÜNEN und gab zunächst die Parteizeitung »DIE GRÜNEN« heraus.[18]

Eine weitere - für die Gründungsgeschichte der Partei DIE GRÜNEN - bedeutende Organisation war der **Weltbund zum Schutz des Lebens.**

NIEDERSACHSEN

25./26 Juni 1960

Der *Weltbund zur Rettung des Lebens (WRL)* war eine von Günther Schwab am 23. August 1958 in Österreich gegründete Umweltschutzbewegung.[19]

Prof. Dr. Dr. h. c. Günter Schwab trat am 1. Oktober 1930 der *NSDAP* bei (Nr. 441909) und veröffentlichte im *NSDAP*-Verlag (*Franz-Eher-Verlag*) im Jahr 1939 das Buch »*Mensch ohne Volk*«.[20]

Am 25./26. Juni 1960 fand die Gründungsversammlung des *Weltbundes zur Rettung des Lebens* (Sektion Deutschland) in Bad Hersfeld statt.[21] Erster Präsident der deutschen Sektion wurde der ehemalige Nationalsozialist Walter Gmelin[22] (Mitglied der *NSDAP* seit August 1932 und der SS seit 1934).[23] Mitte der 1960er Jahre benannte sich der *Weltbund zur Rettung des Lebens* in **Weltbund zum Schutz des Lebens (WSL)** um.[24]

1974 bis 1982 war Professor Dr. Werner Georg Haverbeck Präsident des **Weltbundes zum Schutz des Lebens.** Der überzeugte Nationalsozialist trat 1926/1929 in die *NSDAP* ein, wurde 1931 Mitglied des *Nationalsozialistischen Deutschen Studentenbundes (NSDStB)* und war 1932 Mitglied der Reichsleitung des *NSDStB*.[25]

Seine Ehefrau Ursula Haverbeck (von 1983 bis 1989 Präsidentin des **Weltbundes zum Schutz des Lebens** - Sektion Deutschland) und die - zu früh verstorbene - spätere Grünenpolitikerin Petra Kelly organisierten gemeinsam Veranstaltungen zu Themen der Frauenbewegung.[26]

Mai 1977

»*Verschiedene Diskussionen im K*[C]*ollegium Humanum, der Lebensschutzakademie des WSL in Vlotho, im Laufe des März, April, Mai* [1977] *führten schließlich zur Planung einer Zusammenkunft von Vertretern aller daran interessierten Gruppen des WSL's und der Bürgerinitiativen Norddeutschlands in Hannover mit dem Ziel, eine Lebensschutzpartei aus der Taufe zu heben.*«[27]

Als Ergebnis folgte schließlich im Mai 1977 die Gründung der *Umweltschutzpartei Niedersachsen (USP)* mit ca. 50 Mitgliedern. Am 11.

Dezember 1978 vereinigten sich die *USP* und die *Grüne Liste Umweltschutz (GLU)* und benutzten den Namen der *GLU*.[28]

Zu deren Vorstandsmitgliedern gehörte Werner Schirr (geb. 1908). In den 1950er Jahren war er Mitglied der *Deutschen Reichspartei (DRP)* und kandidierte 1959 für die *DRP* zur Landtagswahl in Niedersachsen. 1962 trat er der *Deutschen Freiheits-Partei DFP* bei und wurde später Vorsitzender des **Weltbundes zum Schutz des Lebens (WSL)** in Niedersachsen. 1978 wurde er Vorstandsmitglied der *Grüne Liste Umweltschutz (GLU)*.[29]

Rechtsnachfolger der *GLU* wurde Ende 1979 die *Sonstige Politische Vereinigung (SPV) DIE GRÜNEN*, die sich 1979 an der Europawahl beteiligte,[30] woraus 1980 die Partei DIE GRÜNEN entstand.

SCHLESWIG-HOLSTEIN

1978

Vorgängerorganisation der Partei DIE GRÜNEN in Schleswig-Holstein war die am 21. Mai 1978 gegründete *Grüne Liste Schleswig-Holstein (GLSH)*. Nach Strömungskämpfen, Spaltung und Fusion ging die *GLSH* erst 1982 endgültig in der Bundespartei DIE GRÜNEN auf.

Zu den Kommunalwahlen im März 1978 traten in Schleswig-Holstein umweltschutzorientierte Wählergemeinschaften an, woraus die landesweit aktive *GLSH* entstand. 1979 beteiligte sich die *GLSH* gemeinsam mit der *GLU* Niedersachsen, der **AUD**, der *Grüne Aktion Zukunft (GAZ)* und weiteren Bürgerinitiativen an der Bildung der gemeinsamen Wahlliste *Sonstige Politische Vereinigung (SPV)/Die Grünen* für die Europawahl.[31]

Eines der bekanntesten Mitglieder der *GLSH*, Mitbegründer und Kandidat zur Europawahl 1979 war Baldur Springmann (*NSDAP*-Mitglied). Seit den 1970er Jahren unter anderem in der **Aktionsgemeinschaft Unabhängiger Deutscher (AUD)** und im **Weltbund zum Schutz des Lebens (WSL)** aktiv, 1978 Gründungsmitglied der *Grünen Liste Schleswig-Holstein* und im Januar 1980 der Partei DIE GRÜNEN. Springmann war Mitglied der SA bis März 1934, der SS und ab 1939/40 der *NSDAP* (Mitgliedsnummer 7433874).[32]

NORDRHEIN-WESTFALEN

1979

Am 16. Dezember 1979 gründete sich der Landesverband der DIE GRÜNEN in Nordrhein-Westfalen. Zu den Gründungsmitgliedern gehörten unter anderem Frank Asbeck, Petra Kelly, Gert Bastian, Wilhelm Knabe sowie Michael Vesper.[33]

Auch Werner Vogel war Mitbegründer der Partei DIE GRÜNEN in NRW. 1980 kandidierte er für den Landtag NRW und für den Deutschen Bundestag. 1983 wurde er in den Bundestag gewählt, legte jedoch das Mandat wegen seiner NS-Vergangenheit nieder.[34]

Werner Vogel, bereits 1934 strammer SA-Mann, wurde 1938 Mitglied der *NSDAP* (beantragt 1933) und kam 1938 als Beamter ins Berliner Reichsministerium des Inneren.[35]

HESSEN

1979

Auch die Anfänge der Parteigründung in Hessen können bis in die 1970er Jahre zurückverfolgt werden, als es zur Bildung grüner und alternativer Listen kam. Am 12. April 1978 gründete Herbert Gruhl (Ex-MdB für die *CDU)* die *Grüne Aktion Zukunft (GAZ)*.[36] Im Juli 1978 erfolgte die Gründung der *Grünen Liste Hessen (GLH)*.[37] Bei der Landtagswahl in Hessen am 8. Oktober 1978 kandidierten für die *GLH* Alexander Schubart (ein ehemaliges *SPD*-Mitglied), Daniel Cohn-Bendit und Herbert Rusche aus Offenbach.[38]

Die Gründung des Landesverbandes DIE GRÜNEN erfolgte am 15. Dezember 1979.[39] 1982 zog Reinhard Brückner für DIE GRÜNEN in den Hessischen Landtag ein. Brückner war seit 1941 Mitglied der *NSDAP* (Mitgliedsnummer 8604663).[40]

BERLIN

1978

Die Entstehung der Partei DIE GRÜNEN vollzog sich auch in Berlin Ende der 1970er Jahre zunächst in unabhängigen Gruppierungen, bevor sich 1980 der Bundesverband DIE GRÜNEN gegründet hatte. Am 5. Oktober

1978 wurde in West-Berlin die *Alternaltive Liste (AL)* gegründet. Zu den Gründungsmitgliedern gehörten unter anderem Wolfgang Wieland, Michael Wendt und Hans-Christian Ströbele. Rund 300 Personen traten in die neue Partei ein.[41]

Einige Prominente lehnten die geplanten Unvereinbarkeitsbeschlüsse, insbesondere gegen Mitglieder der *Kommunistischen Partei Deutschlands KPD* ab und stiegen aus dem Gründungsprozess aus, darunter Otto Schily. Man befürchtete, dass die *KPD* über zusätzliche Scheingründungen von Basisinitiativen versuchen könnte, einen dominierenden Einfluss in der *AL* zu bekommen. Ähnliches war dem *Kommunistischen Bund* in Hamburg gelungen, wo dieser in der *Bunten Liste* Hamburg dominierte. Letztendlich war der Kompromiss, dass einzelne Mitglieder aus den K-Gruppen der *AL* beitreten durften, aber nicht ganze Parteien oder parteiähnliche Gruppen.[42]

Einen ersten Erfolg erzielte die *AL* bei den Wahlen zum Berliner Abgeordnetenhaus im März 1979 und zog in vier Bezirksverordnetenversammlungen (Kreuzberg, Schöneberg, Tiergarten und Wilmersdorf) mit zehn Mandatsträgern ein.

Bei der Abgeordnetenhauswahl am 18.3.1979 kandidierte Detlef Schulze, der Landesvorsitzende der **AUD**, in dem Bezirk Neukölln für die *Alternative Liste*. Jener Berliner **AUD**, die noch 1977 zu einer Entschließung gegen den Bau und den Betrieb von Atomkraftwerken und für die Freilassung des ehemaligen »Führer-Stellvertreters« Rudolf Hess *(NSDAP)* gelangte.[43]

Nach Gründung des Bundesverbandes DIE GRÜNEN vereinbarte die **AL** mit den Grünen, die Rolle des Landesverbandes der Grünen unter Beibehaltung des Namens *Alternative Liste für Demokratie und Umweltschutz* zu übernehmen.[44]

Auf dem Weg dorthin gab es erneut Kontroversen um die Frage, ob die Mitarbeit von organisierten Kommunisten, bzw. kommunistischen Parteien auszuschließen sei oder nicht.

Auf der Gründungsversammlung der Partei DIE GRÜNEN »konnte nur durch einen erpresserischen Schachzug der bunten und alternativen Listen ein Kompromiss in dieser Frage erzielt werden.«[45] Der Kompromiss war, dass die Frage der Mitarbeit von Kommunisten den jeweiligen Landesverbänden der Grünen überlassen wurde.[46]

Bei der Fusion der Bundespartei DIE GRÜNEN mit BÜNDNIS 90 übernahm auch die *AL* den offiziellen Parteinamen.[47]

BAYERN

1978/1979

Seit 1977 waren verschiedene grüne Listen bei Kommunalwahlen angetreten. Bei der Landtagswahl in Bayern 1978 bildeten die **Aktionsgemeinschaft Unabhängiger Deutscher (AUD)**, die *Grüne Aktion Zukunft (GAZ)* und die *Grüne Liste Bayerns* ein Wahlbündnis, das sich den Namen DIE GRÜNEN gab. Der bayerische Landesverband der Grünen wurde am 7. Oktober 1979 gegründet.[48] Landesvorsitzende wurden Halo Saibold und Klaus Resch **(AUD)**. Zur Bundestagswahl am 5. Oktober 1980 gehörten zu den Spitzenkandidaten der Bayerischen Landesliste DIE GRÜNEN Petra Kelly und Jörg Westerhoff **(AUD)**.[49]

Dieter Burgmann war ebenfalls Mitglied der **Aktionsgemeinschaft Unabhängiger Deutscher (AUD)** und deren bayerischer Landesvorsitzender. Als sich die **AUD** zugunsten der Grünen auflöste, trat auch er den Grünen bei. 1980 wurde er in das Amt des Bundesvorstandsprechers der Grünen gewählt.[50]

August Haußleiter, früherer Chef der *Deutschen Gemeinschaft (DG)* und später der **AUD**, zog 1986 für DIE GRÜNEN in den Bayerischen Landtag ein.

Neben Resch **(AUD)**, Westerhoff **(AUD)** und August Haußleiter **(AUD)** war die Ehefrau von August Haußleiter **(AUD)** Schatzmeisterin des bayerischen Landesverbandes DIE GRÜNEN und Bernhard Kölbl **(AUD)** stellvertretender Organisationsleiter des Landesverbandes Bayern.[51]

Bayern gehörte in der Anfangszeit der Partei DIE GRÜNEN neben Baden-Württemberg zu den größten Landesverbänden, die zu dieser Zeit rund ein Drittel der Gesamtmitglieder stellten. Beide Landesverbände wurden von **AUD**-Mitgliedern geführt.[52]

BADEN WÜRTTEMBERG

1979

Am 30. September 1979 wurde in Sindelfingen der Landesverband der Grünen in Baden-Württemberg gegründet.[53] Wolf-Dieter Hasenclever

(AUD) gehörte zu den Gründungsmitgliedern der baden-württembergischen Grünen und wurde deren erster Landesvorsitzender und im Jahr 1980 einer der ersten grünen Landtagsabgeordneten in Baden-Württemberg.[54] Neben Hasenclever und Kretschmann gehörte auch der Anthroposoph Hans Dieter Erichsen zu den ersten Landtagsabgeordneten der Grünen.[55]

Weitere Vorstandsmitglieder in den Anfangsjahren des Landesverbandes Baden-Württemberg der Partei DIE GRÜNEN waren als Stellvertreterin Dr. Gisela v. Canal **(AUD)**, die Schatzmeisterin Irmgard Bonfig **(AUD)** und als weitere Vorstandsmitglieder Hanna Mettert **(AUD)**, Clemens Cuby **(AUD)** und Kurt Neumann **(AUD/***Deutsche Gemeinschaft DG)*. Kurt Neumann gehörte seit 1950 der *Deutschen Gemeinschaft (DG)* an, deren Landesvorsitzender er 1956 in Baden-Württemberg wurde. Zur **AUD** trat er 1965 über und war seitdem der **AUD**-Landesvorsitzende in Baden-Württemberg.[56]

RHEINLAND-PFALZ

1979

Die Gründung der Landespartei DIE GRÜNEN in Rheinland-Pfalz erfolgte 1979. Folgende Organisationen waren an der Gründung beteiligt: *Wählergemeinschaft Grüne Liste, Grüne Aktion Zukunft (GAZ)*, **Aktionsgemeinschaft Unabhängiger Deutscher (AUD)** und DIE GRÜNEN. Erster Landesvorstand: Erhard Brune, Peter Keuer, Norbert Klein und Helga Vowinckel. Der Landesverband hatte bei Gründung 43 Mitglieder.[57]

SAARLAND

1979

Am 6. Oktober 1979 wurde die Partei DIE GRÜNEN-Saar gegründet. Auf dieser Gründungsversammlung im Dillinger *Hotel Waldeck* trugen sich 36 Personen als Mitglieder ein. Als erster Vorsitzender wurde Wilfried Osterkamp aus Saarbrücken gewählt, sein Stellvertreter wurde Helmut Gantner aus Dillingen.[58]

Weitere Vorstandsmitglieder waren Sigrid Stich, Dieter Ulrich und Stefan Weidauer. Saarland galt, wie auch Rheinland-Pfalz, als eher konservativer Landesverband.

HAMBURG

1978/1979

Am 18. März 1978 gründete sich in Hamburg die *Bunte Liste - Wehrt Euch (BuLi)*, die sich jedoch 1979/1980 wegen interner Streitigkeiten wieder auflöste. Die *BuLi* stand unter erheblichem Einfluss des *Kommunistischen Bundes (KB)*. [59]

Am 5. April 1978 gründete sich ebenfalls in Hamburg die *Grüne Liste Umweltschutz* (siehe Niedersachsen), deren Vorstand auch Mitglieder der *Solidaristischen Volksbewegung (SVB)* angehörten, die sich auf Otto Strasser (1925-1930 *NSDAP*-Mitglied und nationalsozialistischer Autor/Verleger) beriefen.[60]

Der erste Landesverband DIE GRÜNEN in Hamburg entstand am 30. November 1979.

Als Konkurrenz zu den Grünen entstand im November 1981 die *Alternativen Liste Hamburg*, die vor allem aus Mitgliedern der Bunten Liste bestand und wiederum von ehemaligen *KB*-Mitgliedern dominiert wurde.[61] »*Während die Führungsebene des Kommunistischen Bund (KB) für die Bildung einer eigenständigen bundesweiten Alternativpartei plädierte, wollte eine Gruppierung um Rainer Trampert, Thomas Ebermann, Jürgen Reents, [...] die sich Gruppe-Z nannte, die Grünen als starke linke Fraktion unterwandern ...*«[62]

Da beide Parteien nicht länger in Konkurrenz zueinander stehen wollten, schlossen sich DIE GRÜNEN und die *Alternative Liste* zu dem Wahlbündnis *Grün-Alternative Liste (GAL)* zusammen, die 1984-2012 der Landesverband der GRÜNEN in Hamburg war. Im Jahr 2012 wurde die Umbenennung in BÜNDNIS 90/DIE GRÜNEN Hamburg beschlossen.[63]

BREMEN

Am 15. März 1979 gründete eine Gruppe ehemaliger *SPD*-Mitglieder, sowie die konservative *CDU*-Abspaltung *Partei Freier Bürger* die *Bremer Grüne Liste (BGL)*, die im selben Jahr für die Bremische Bürgerschaft kandidierte. Am 7. Oktober zog die *BGL* mit vier Abgeordneten (Olaf Dinné, Axel Adamietz, Peter Willers und Delphine Brox) in die Bremische Bürgerschaft ein.[64]

Außerdem trat zur Wahl auch ein Bremer Landesverband der *West-Berliner Alternative Liste für Demokratie und Umweltschutz (AL Bremen)* an.[65]

Am 11. November 1979 gründete sich der Landesverband Bremen der Partei DIE GRÜNEN. Die *AL Bremen* schloss sich 1980 dem Landesverband an, nicht jedoch die *BGL*, die sich später auflöste.[66]

Bundesweit

6. August 1978

Eine nicht unwichtige Gruppierung, die zum Wahlbündnis *Sonstige Politische Vereinigung (SVP)/Die Grünen* und später zu der Partei DIE GRÜNEN beigetragen hat, war der *Achberger Kreis* um den Künstler Joseph Beuys **(AUD)**. Am 6. August 1978 veröffentlichte der *Achberger Kreis* einen Appell, der den Anstoß gab, um die bei Wahlen sich konkurrierenden und damit zur Erfolglosigkeit verurteilten und ideologisch zersplitterten ökologischen Parteien durch die Methode der »*Einheit in der Vielfalt*« im strategischen politischen Handeln in einer gemeinsamen Organisation zusammenzufinden.

Außerdem ging es in diesem Appell darum, eine Wirtschaft ohne Macht und Gier, jenseits von Kapitalismus und Kommunismus anzustreben, Gemeinwohl und Solidarität an die Stelle von Profit und Eigennutz zu setzen.

Die *Stiftung für Geisteswissenschaft und Dreigliederungsforschung e.V.* hat vor einigen Jahren die Dokumente zusammengetragen, um - wie auf ihrer Internetseite angemerkt, »*die Geschichtsklitterung, die in den verschiedenen öffentlichen Darstellungen zum Jahrestag wahrzunehmen war, zu ergänzen und zu korrigieren.*« Damit war der 40. Jahrestag der Gründung der Partei DIE GRÜNEN gemeint.

Weiter schreibt die *Stiftung für Geisteswissenschaft und Dreigliederungsforschung e.V.* dazu:

»*Außerhalb der Archive findet man heute beim BÜNDNIS 90/DIE GRÜNEN kaum noch einen Niederschlag des Ideenzusammenhangs eines "dritten Weges", wie er von der hier sichtbar gemachten Strömung innerhalb der Partei vertretenen wurde. Nur noch der schillernde Name Joseph Beuys taucht gelegentlich auf; was er als "Programm" vertrat, ist - soweit man erkennen kann - nicht mehr präsent.*«

Aus dem vorgenannten Appell wird deutlich, dass die ursprüngliche Idee der Grünen Partei »*Nicht rechts, nicht links, sondern vorn*« von den Gründern der Partei gewollt war und anfänglich auch kurz praktiziert wurde, mit Blick auf die heutige Partei BÜNDNIS 90/DIE GRÜNEN offensichtlich unerheblich wurde.

In dem Appell vom 6. August 1978 heißt es unter anderem:

»*Wir appellieren daher an die Exponenten der deutschen Umwelt- und Lebensschutzverbände, der ökologisch orientierten Parteien, Grünen und Bunten Listen, den Weg der Zersplitterung aufzugeben. Macht Schluß mit der Diffamierung und Diskriminierung Andersdenkender! Schüttelt ab die Klischees der Vergangenheit, durch die Menschen zu „Rechten" und „Linken", „Extremisten" und „Spontis", „Reaktionären" und „Faschisten" gestempelt werden. Dieser alte Stil ist mit unserer Bewegung unvereinbar, der es doch um das Erarbeiten und Verwirklichen eines ganz neuen Zivilisationsentwurfes geht - nämlich einer humanen und ökologisch orientierten Gesellschaft, die sich trennt von allen Formen der Ausplünderung der Erde, von Ausbeutung und Mißachtung des Menschen.*«[67]

Im Jahr 1978 gab es verschiedene Treffen mit dem Ziel, all die in Frage kommenden Parteien und Organisationen zu koordinieren, was erst im März 1979 erfolgreich war.

17. - 18. März 1979

Die Annäherung der verschiedenen Parteien, Listen und Organisationen führte schließlich zu einem Kongress in Frankfurt-Sindelfingen. Dieser Kongress war die Gründungsveranstaltung der *Sonstigen Politischen Vereinigung (SPV) Die Grünen*. Dabei waren Delegierte der **Aktionsgemeinschaft Unabhängiger Deutscher (AUD)**, der *Grünen Aktion Zukunft (GAZ)*, *der Grünen Liste Umweltschutz (GLU)*, der *Grünen Liste Schleswig-Holstein (GLSH)*, der *Freien Internationale Universität*, der *Aktion Dritter Weg* sowie Vertreter von verschiedenen Bürgerinitiativen. Zu den Sprechern der *SPV* wurden Herbert Gruhl *(GAZ)*, August Haußleiter **(AUD)**, Helmut Neddermeyer *(GLU)* gewählt. Zur Teilnahme an der Europawahl am 10. Juni 1979 wurden folgende Kandidaten auf den ersten Listenplätzen aufgestellt: 1. Petra Kelly (Ersatzkandidat Herbert Gruhl), 2. Roland Vogt, 3. Jürgen Marquardt, 4. Baldur Springmann, 5. Joseph Beuys.[68]

13. Januar 1980

Gründung der Bundespartei »DIE GRÜNEN« in Karlsruhe. DIE GRÜNEN und BÜNDNIS 90 vereinigten sich am 14. Mai 1993 unter dem Namen BÜNDNIS 90/DIE GRÜNEN.

7. Februar 1990

Am 7. Februar 1990 beschlossen das *Neue Forum*, die *Initiative Frieden und Menschenrechte (IFM)* und *Demokratie Jetzt* die Bildung der Listenvereinigung *Bündnis 90* für die Wahl zur Volkskammer. Das *Bündnis 90* war ein Zusammenschluss von Bürgerbewegungen und Oppositionsgruppen in der DDR.

14. Mai 1993

DIE GRÜNEN und BÜNDNIS 90 vereinigten sich am 14. Mai 1993 unter dem Namen BÜNDNIS 90/DIE GRÜNEN.

Wer war August Haußleiter?

Mit der nachfolgenden Kurzbiografie verdeutlichen wir, dass der Mitbegründer und erster Vorsitzender der Partei DIE GRÜNEN, August Haußleiter, durchaus ein Nationalist war. Einer Biografie, die sich von dem Wunschdenken einiger Grünen-Politiker erheblich unterscheidet. Kein Grünen-Politiker würde sich heute davor scheuen, ihn als einen *Neonazi* oder *Rechtsradikalen* zu bezeichnen.

Haußleiter war jedoch kein Nationalsozialist, er wurde sogar von dem früheren Gauleiter der *NSDAP* aus seiner Stellung beim *Fränkischen Kurier* gedrängt.

Dem Buch *Die Rechtsradikalen* aus dem Jahr 1965 (erschienen rund 15 Jahre vor der Gründung der Partei DIE GRÜNEN) sind folgende Informationen zu entnehmen:

August Haußleiter wurde am 5. Februar 1905 in Nürnberg geboren. Als Gymnasiast schloss er sich nationalen Wehrverbänden an. Später wurde er Wirtschafts- und politischer Redakteur beim *Fränkischen Kurier*, in dessen Schriftleitung er 1928 tätig war.

Im Zweiten Weltkrieg war Haußleiter Soldat und wurde 1942 in Russland schwer verletzt.[69]

August Haußleiter: *»Ich bin also nicht deswegen eingezogen worden, weil ich begeisterter Soldat gewesen bin, sondern deswegen, weil mich die [NSDAP-] Gauleitung weghaben wollte.«*[70]

Nach dem Krieg gehörte er 1946 zu den Mitbegründern der *Christlich Sozialen Union (CSU)*, zu deren stellvertretenden Landesvorsitzenden er 1948 in Bayern gewählt wurde. 1949 musste Haußleiter die *CSU* - wegen eines vom ihm verfassten Buches über seine Zeit als Soldat - wieder verlassen. In diesem Buch sah man eine den Nationalsozialismus und den Zweiten Weltkrieg verherrlichende Schrift.

Anfang 1949 war Haußleiter Mitbegründer der *Deutschen Union (DU)* und Ende 1949 [4. Dezember 1949] der *Deutschen Gemeinschaft (DG)*. Ende 1952 wurden einige Ländergruppen der *DG* - Niedersachsen, Hessen, NRW - als verfassungsfeindlich verboten, wogegen Haußleiter klagte. Außerdem wurden der *DG* in Bayern die Zimmer im Landtag entzogen.

1953 ging die *DG* unter seiner Bestrebung eine enge Verbindung mit dem *Deutschen Block* unter der Bezeichnung *Dachverband der Natio-*

nalen Sammlung ein, konnte jedoch bei der Bundestagswahl keinen Erfolg erringen.[71]

Daraufhin gründete Haußleiter den *Bayerischen Rechtsblock*.[72] Auch dieser blieb erfolglos und erhielt bei der Landtagswahl 1954 in Bayern lediglich 0,56 Prozent der Stimmen.[73]

»Hausleiters Versuche Mitte der Fünfziger Jahre einen Bauern- und Mittelstandsbund zu gründen, schlugen ebenso fehl, wie sein Bemühen, im Bereich der Soldatenbünde [die] DG-gesteuerte „graue Front" aufzubauen.«[74]

Aus den *Lehrsätzen* der *Deutschen Gemeinschaft* vom 8. Dezember 1957:

»Die Deutsche Gemeinschaft lehnt die Anwendung des Begriffs „Nation Europa" ab, da er gegen jeden völkischen Grundsatz verstößt und durch einen Taschenspielertrick den Kontinent an die Stelle der Nation zu setzen versucht. Die Deutsche Gemeinschaft ist die deutsche Freiheitsbewegung.«

»Sie [die DG] schafft deshalb die Voraussetzungen für den Aufbau einer kämpferischen und dynamischen deutschen Volksbewegung zur Erringung der deutschen Freiheit und Einheit.«[75]

In einer Einladung der *Deutschen Gemeinschaft* von 1961 *(Ablichtung im Dokumentenanhang)* - erschienen rund 19 Jahre vor der Gründung der Partei DIE GRÜNEN - heißt es:

»Bringt alle suchenden Deutschen, die Zögernden, die Abwartenden, die Verzweifelten, bringt sie in unsere Mitte. Bei uns finden sie die belebende Kraft des Glaubens an die Wiedergeburt unseres Volkes und die Wiederherstellung des Reiches. Zeigt der Welt, daß Deutschland noch lebt! Für Deutschlands Einheit und Freiheit!«[76]

In einer Einladung der *Deutschen Gemeinschaft* aus dem Jahr *1962 (Ablichtung im Anhang) - erschienen rund 18* Jahre vor der Gründung der Partei DIE GRÜNEN - heißt es:

»Werben Sie in ihrem vertrauten Freundes- und Bekanntenkreis für diesen Appell des Völkischen Aufbruchs« ... »Der suchenden deutschen Jugend gilt unser besonderes „Willkommen"! Sie ist die Trägerin deutscher Lebenskraft. Mit ihr wollen wir den Einsatz wagen, die schwere Zukunft zu meistern und das Reich zu erneuern.«[77]

Mangels Erfolges mit der *Deutschen Gemeinschaft (DG)* schloss sich Haußleiter 1965 der auf Bestreben von Hermann Schwann ins Leben gerufenen *Aktionsgemeinschaft Unabhängiger Deutscher (AUD)* an. Die *AUD* war ein Zusammenschluss der *Deutschen Freiheitspartei (DFP)*, der *Deutschen Gemeinschaft (DG)* und Teilen der *Vereinigung Deutsche Nationalversammlung (VDNV)*.

Das *Notprogramm* (6-Stufen-Plan - Mut zum Frieden) der *AUD* aus dem Jahr 1965 beinhaltete hauptsächlich die Forderung nach Abzug fremder Truppen aus Deutschland, Blockneutralität, der deutschen Wiedervereinigung und die Absage an Kriege und Massenvernichtungswaffen (hier speziell die atomare Rüstung).[78]

Das Parteiprogramm von 1966 enthält zusätzlich Forderungen nach einer gerechten Sozialordnung, einem deutschen Nationalstaat, einer krisenfreien Wirtschaftsordnung, gegen Rüstungseinkäufe und Rüstungsausgaben, sowie für den Naturschutz:

»Schutz der Natur und des Landschaftsbildes. Reinhaltung der Luft, Entseuchung der Gewässer und des Bodens. Schutz der Bevölkerung vor vermeidbarer Lärmbelästigung.« ... »Ausbau des öffentlichen Gesundheitsdienstes, der Lebensmittelkontrolle und des Krankenhauswesens.«[79]

Nachdem Ende 1968 der *AUD*-Vorsitzende Hermann Schwann erkrankte, übernahm August Haußleiter den Vorsitz in der Partei. Das in der *AUD* verfolgte Ziel Wahlbündnisse mit allen demokratischen Oppositionsparteien zu schaffen, bekam unter Haußleiter sonderbare Züge. Hatte der Gesamtvorstand noch im September 1968 erneut beschlossen, dass für Wahlbündnisse die Grenzen dort gezogen werden sollten *»wo das Prinzip der politischen Unabhängigkeit, der Demokratie und des Friedens für unser Volk gefährdet würde«*[80], begann Haußleiter mit den fragwürdigsten Organisationen und Aktivisten zu liebäugeln.

Am 23. Februar 1969 gingen *AUD*-Delegierte in Kassel auf Haußleiters Forderung ein und beschlossen eine Fusion der *AUD* mit der *Demokratischen Union (DU)*.[81] Daraufhin begann in der *AUD* eine große Austrittswelle. Die *AUD* versank, wie die erfolglose *DU*, in der Bedeutungslosigkeit.

Erst mit der Bayerischen Landtagswahl 1978 konnte Haußleiter einen Erfolg verbuchen, als die *AUD* mit der von Herbert Gruhl (Ex-*CDU*) gegründeten *GAZ (Grüne Aktion Zukunft)* als Wahlbündnis DIE GRÜ-

NEN antrat. Dieser Erfolg bewog die Initiatoren des Wahlbündnisses, diese Strategie für die Europawahl 1979 fortzusetzen.

Schließlich wurde im März 1979 die *Sonstige Politische Vereinigung (SPV)/DIE GRÜNEN* für die Europawahl gegründet, die bei den Wahlen 3,2 Prozent der Stimmen erreichte. An der Gründung waren neben der *AUD* die *GLU*, die *GAZ* und die *GLSH*, sowie einige Einzelkandidaten beteiligt. Daraufhin kam es im November 1979 zur Vorbereitung des Gründungskongresses der Grünen, der im Januar 1980 in Karlsruhe stattfand. Hierbei nahm die *AUD* mit August Haußleiter eine vermittelnde Position zwischen den rechten und den linken Gruppierungen, Parteien und Einzelkandidaten dieser neu entstandenen Vereinigung ein.

August Haußleiter wurde am 23. März 1980 Parteisprecher der Partei DIE GRÜNEN und gab die gleichnamige Parteizeitung heraus. Im Juni 1980 trat er, nach stärker werdender Kritik wegen seiner Vergangenheit, als Vorstandsmitglied der Partei zurück. 1986 zog er für DIE GRÜNEN in den Bayerischen Landtag ein. 1987 legte er aus gesundheitlichen Gründen sein Mandat nieder und starb 1989 in München.[82]

1980 erschien dieses Buch über DIE GRÜNEN im *Seewald Verlag*. Laut Verlag war es nicht nur das erste Buch über die neue Partei, sondern eine »*Selbstdarstellung*«[83]. Unter den namhaften Autoren finden sich neben Petra Kelly auch Baldur Springmann (Mitglied der SA bis März 1934, der SS und ab 1939/40 der *NSDAP* mit der Mitgliedsnummer 7433874)[84] und Walter Harless. Dieser kandidierte 1978 für die Landesliste der **AUD** in Bayern.[85] In diesem Buch steht jedoch nicht, dass er 1965 Mitbegründer der **AUD** war - einer vom Verfassungsschutz als »*rechtsextrem*« eingestuften Partei. Dass er Mitbegründer der **AUD** gewesen sein soll, findet sich auf Wikipedia

Die Entwicklung von Bündnis'90/Die Grünen (BRD)

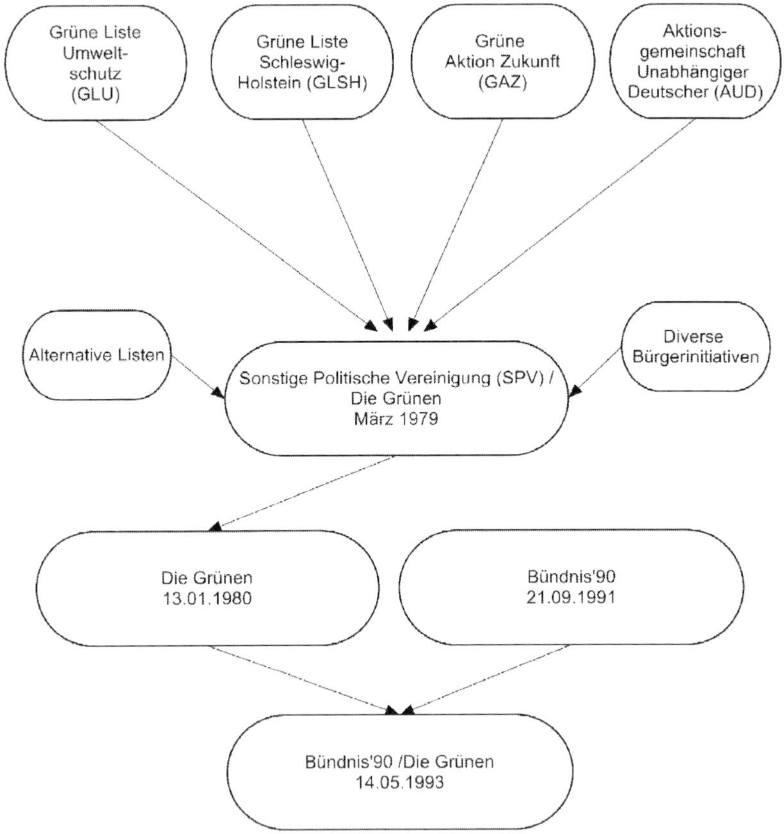

Die Entwicklung von Bündnis'90/Die Grünen (DDR)

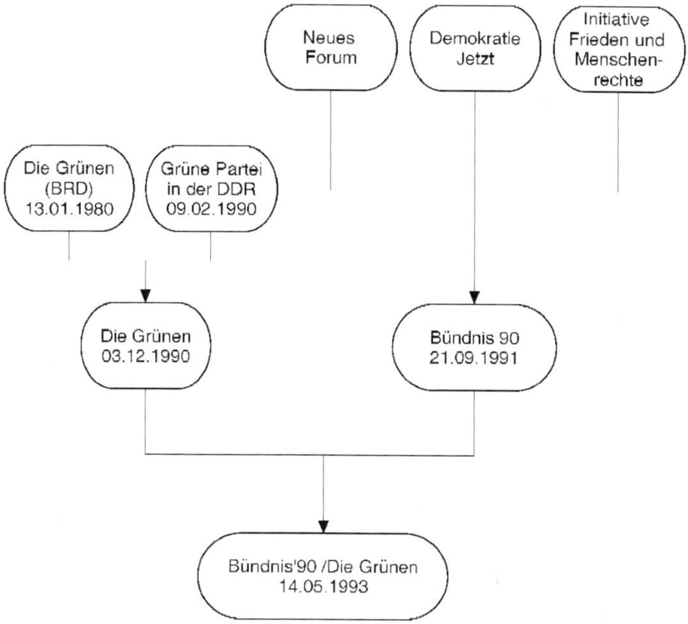

Die kommunistische Unterwanderung der Partei DIE GRÜNEN

Die kommunistische Unterwanderung der Partei DIE GRÜNEN

Auf die Frage: »*Worüber haben Sie denn gestritten?*« antwortete der Mitbegründer der Grünen Lukas Beckmann über den Gründungsparteitag 1979 in Karlsruhe:

»*Unter anderem darüber, ob Doppel-Mitgliedschaften möglich sein sollten, etwa in den Parteien und Wahllisten, die die Grünen 1979 mitgegründet hatten oder ob Mitglieder in kommunistischen Parteien oder Vereinigungen parallel Mitglied bei uns sein können. [...] Es gab genügend Leute, die die Grünen für ihre Zwecke missbrauchen wollten. Für sie durfte es keinen Türöffner geben, um eine eigene Kraft entwickeln zu können.*«[87]

Dazu schrieb ein anderer Mitbegründer der Grünen, Delegierter auf dem Gründungsparteitag am 13. Januar 1980 in Karlsruhe und ehemaliger Kreisvorsitzender der Grünen in Worms-Alzey, Klaus Lelek:

»*Die linken Landesverbände hatten nämlich bei der DB einen Sonderzug reserviert und erpressten die konservativen Landesverbände - die mit den älteren Mitgliedern aus der Nazizeit - mit der Forderung „entweder ihr stimmt für die Doppelmitgliedschaft oder wir reisen ab". Damit wäre die Gründungsversammlung geplatzt. Bei der „Doppelmitgliedschaft" ging es vor allem um die Frage ob Parteimitglieder gleichzeitig Grüne und weiterhin Mitglieder ihrer kommunistischen Splittergruppen sein können. Am Ende einer hitzigen Diskussion rund um den langen Tisch des Rheinland-Pfälzischen Landesverbandes nahm mich der Landesvorsitzender Peter Keuer zur Seite und sagte: „Wenn wir mit JA stimmen, sind die Leute zuhause stinksauer, wenn wir mit NEIN stimmen ist der Parteitag geplatzt! Lass uns das Ding durchziehen!" Handys zwecks Rücksprache mit den Kreisverbänden gabs nicht. Jetzt musste jeder auf sein Gewissen hören.*

Peter Keuer war ein bodenständiger ehemaliger SPD-Mann und Leiter eines Wildparkes bei Ludwigshafen, ein gradliniger Mittvierziger. Die Entscheidung gegen den Beschluss der Basis zu stimmen, um linken Großstadtgrünen in einem Machtkampf das Feld zu überlassen, fiel ihm schwer. Vierzig Jahre später kommt mir diese Szene wie ein Schlüsselerlebnis vor. Nach der Abstimmung über die Doppelmitgliedschaft war der Weg für die Bundespartei frei.«

Die Gründung der Partei DIE GRÜNEN war vollzogen. Kommunisten jeder Ausrichtung fanden in der jungen Partei eine verdeckte Plattform und ein erfolgversprechendes Betätigungsfeld, um ihre verstaubte Ideologie salonfähig zu machen.

Langjährige parteipolitische Erfahrungen, große finanzielle Mittel und ihr Ziel der Unterwanderung vor Augen, gelang es diesen K-Gruppen innerhalb kurzer Zeit entscheidende Positionen zu besetzen. In verschleierter Form konnten sie ihre Doktrin innerhalb und mit der grünen Partei verbreiten, bis letztendlich Grundziele der Partei DIE GRÜNEN aufgegeben wurden oder in den Hintergrund gerieten.

Klaus Lelek weiter, wie die linke Unterwanderung die grünen Gründer kaltstellte:

»Nach und nach wurden sowohl rechtsnationale als auch konservative Grüne wie Herbert Gruhl als Steigbügelhalter und nützliche Idioten rausgeekelt und kalt geschasst. Die linken Kader bei den Grünen, bunte und alternative Listen aus dem Großstadt- und Studenten-Milieu setzten sich skrupellos durch. 1982 schoss sich der Landesvorsitzende Peter Keuer, mitten im Wildpark mit seiner Jagdflinte durch den Kopf, weil ihm linke Seilschaften Kontakte zu grünen Neonazis nachsagten, die es nachweisbar nie gegeben hat. Spuren dieser ersten Säuberungswelle finden sich auch im Spiegel, der in Westberlin braune Grüne aus der Gründungszeit entdeckte. Von Linken ausgebotet wurde auch einer der ersten grünen Bundesabgeordneten der ehemalige Nato-General Gerd Bastian.«[88]

Der ehemalige Bundestagsabgeordnete der Partei DIE GRÜNEN, Gerd Bastian, stellte zur kommunistischen Unterwanderung der Grünen fest:

»Die beginnende politische Fehlentwicklung innerhalb der Grünen zeigt sich insbesondere im überraschenden Erfolg der dem Kommunistischen Bund entstammenden ehemaligen „Z-Fraktion“ bei der Besetzung von Schlüsselpositionen mit teils altbewährten, teils neu gewonnen Gesinnungsfreunden in den Parteigremien, sowie beim Überstimmen der unkoordinierten Mehrheit der Andersdenkenden in der Fraktion und in den Regionalverbänden mittels einer geschickt und diszipliniert gehandhabten Kadertaktik.«[89]

Es folgten Austritte aus und Abspaltungen von der Partei DIE GRÜNEN. Der neue Kurs marxistischer und neomarxistischer Prägung wurde immer sichtbarer. Rund 2.000 von den damals ca. 6.000 Mitgliedern verließen die junge Partei wieder. Darunter befanden sich auch Wegbereiter und Mitbegründer wie Herbert Gruhl und Baldur Springmann, beide Spitzenkandidaten der Partei zur Europawahl 1979.[90]

In der Gründungsphase schienen Umweltschutz und Friedensbestrebung richtungsweisend für die Partei gewesen zu sein. »*Wir sind nicht links, wir sind nicht rechts - sondern vorn*« gehörte nunmehr der Vergangenheit an. Nach mehreren Säuberungsaktionen waren DIE GRÜNEN eindeutig links. Und vorn? Die immer mehr dominierenden, verstaubten Ideen des Marxismus und Maoismus warfen die Partei von »vorn« nach ganz hinten zu den Ewigvorgestrigen.

Die einstige politisch-kulturelle Bewegung entwickelte sich von der »Antipartei-Partei« zur typischen Partei mit all ihren Eigenschaften, die verhindert werden sollten und ihre Strategen wurden Lobbyisten. Das Aufbrechen des antiquierten rechts-links Schemas war gescheitert.

Nachfolgend sei noch etwas über das ehemalige Parteigebäude des *Kommunistischen Bund Westdeutschlands* auf der Mainzer Landstraße in Frankfurt am Main angemerkt. Der *KBW* soll das Objekt 1977 für 2,7 Millionen DM erworben und seinen Hauptsitz dorthin verlegt haben. 1987 wurde es der Sitz der Landesgeschäftsstelle der Grünen in Hessen. Hier eine kurze Chronik über das Frankfurter Nostalgiegebäude der Kommunisten:[91]

1977:	Parteizentrale des *Kommunistischen Bund Westdeutschland (KBW)*
1977-1992:	*Sendler-Verlag (KBW)*, Jürgen Sendler
1977-92:	*Caro-Druck*, Druckerei der *Kommunistischen Volkszeitung*
1983:	*UMBRUCH*: Marxistische Zeitschrift für Kultur und Wissenschaft
1983-84:	*AKTION* Anarchistisches Magazin
1986:	*Kommune*. Monatszeitschrift
1987:	DIE GRÜNEN Hessen, Landesgeschäftsstelle

DIE GRÜNEN - Eine Karriereleiter für Kommunisten/Marxisten

In keiner Gesellschaftsordnung wurden unter dem Deckmantel der Humanität so viele Menschen ermordet und zu Tode gequält, körperlich und seelisch verkrüppelt, versklavt und um ihr Lebensglück betrogen wie in jenen Staaten, deren Maxime die kommunistische Ideologie war oder ist. Nirgendwo wurden auch Natur und Umwelt so umfassend und rücksichtslos ausgebeutet, vergiftet und zerstört wie in den kommunistischen Ländern.

Die Vision vom Kommunismus hat weltweit bisher mehr als 80 Millionen Tote verursacht, so die Bilanz des Franzosen Stéphane Courtois in dem »*Schwarzbuch des Kommunismus*«.[92] Immer wieder offenbaren sich die kommunistischen Regime als Terror- und Verbrecherstaaten. In Deutschland hat der Kommunismus viele Namen.

Nach 1945 machten viele Kommunisten aus der *Kommunistischen Partei Deutschlands (KPD)*, dem *Kommunistischen Bund Westdeutschlands (KBW)* und anderen K-Gruppen Karriere. Wie man diesem Buch entnehmen kann, fanden sich später viele Kommunisten bei den Grünen wieder. DIE GRÜNEN wurden zu einem Sammelbecken und einer Karriereleiter für Kommunisten.

Ein kurzer Überblick über die diversen K-Gruppen, deren Aktivisten später Parteimitglieder bei DIE GRÜNEN wurden und dort stellenweise immer noch zu finden sind:

Der *Kommunistische Bund (KB)* und *Gruppe Z*

Der linksextremistische *Kommunistische Bund (KB)* entstand 1971.[93]

Von 1973 bis 1991 war Knut Mellenthin Mitglied der Leitung des *KB*.[94] Er ist inzwischen langjähriger Mitarbeiter der linken Tageszeitung *Junge Welt*.[95]

Matthias Küntzel war Mitglied des *KB*, heute ist er Mitglied der Lobbyorganisation *Deutsche Gesellschaft für Auswärtige Politik (DGAP)*. Küntzel veröffentlicht Beiträge in der linken Zeitung *Jungle World*, im *Wall Street Journal*, *Spiegel-online*, *Welt* u.v.a.[96] Auch der Journalist und Redakteur bei der Berliner Tageszeitung *taz* Jan Feddersen war Mitglied im *KB* und war freier Mitarbeiter beim Magazin *Stern* und für eineinhalb Jahre Jungredakteur der Zeitung *Zeit*.[97] Jürgen

Reents kam auch aus dem *KB* und war bis 2012 Chefredakteur der Tageszeitung *Neues Deutschland.*[98] Dies zeigt, dass die ehemaligen Mitglieder des *Kommunistischen Bundes* nicht nur Einfluss auf die Partei DIE GRÜNEN, *Die Linke* und die *SPD* genommen haben, sondern auch in den Medien nicht unbedeutend sind. Deswegen kann eine gewisse Tendenz in der Berichterstattung angenommen werden.

Dem Verfassungsschutzbericht 1977 kann man über den *KB* folgende Informationen entnehmen:

Der *KB* beruft sich auf den Marxismus-Leninismus und seine Weiterentwicklung durch Mao Tse-tung. Der Gewaltanwendung steht der *KB* nicht *»prinzipiell ablehnend«* gegenüber, sondern betrachtet sie lediglich unter dem Gesichtspunkt der *»taktischen Erfordernisse«* (*Arbeiterkampf* vom 4. 4.1977).[99]

1979 spaltete sich bundesweit eine Fraktion mit etwa 200 Anhängern um den *KB*-Mitbegründer Jürgen Reents (der sogenannten *Gruppe Z*) ab, die verstärkt in grünen Wahlbündnissen mitarbeiten wollte.

Die Mitgliederzahlen des *Kommunistischen Bundes* lagen in der Gründungszeit 1972 bei 600 Mitgliedern. Durch die Austrittswelle der *Gruppe Z* sank die Mitgliederzahl im Jahr 1978 von 1450 Mitgliedern auf 900 Mitglieder im Jahr 1979. Danach versank der *KB* in der völligen Bedeutungslosigkeit, bis hin zum Jahr 1991 auf 180 Mitglieder. Die *Gruppe Z* lag durchschnittlich bei ca. 200 Mitgliedern.[100]

Wie viele Mitglieder des *Kommunistischen Bundes* letztendlich zu der Partei DIE GRÜNEN wechselten, kann nur vermutet werden. In Anbetracht des Mitgliederschwundes von 1978 bis 1979 - also zur Gründungszeit der Partei DIE GRÜNEN - von mehr als 500 Mitgliedern ist viel Raum für Spekulationen.

Der *Kommunistische Bund Westdeutschlands (KBW)*

Der linksextremistische und maoistische *Kommunistische Bund Westdeutschlands* wurde am 13. Juni 1973 gegründet. Der *KBW* beschäftigte eine Reihe hauptberuflicher Funktionäre und besaß einen eigenen Limousinen-Fuhrpark.[101]

Der ugandische Diktator Idi Amin, *»Mörder von 300 000 Menschen«*[102] wurde in der Parteizeitung lange als fortschrittlicher Staatschef bezeichnet. Der *KBW* sympathisierte mit Regimen wie dem des Diktators Pol Pot. Seine als Steinzeitkommunismus bezeichnete Herrschaft verursachte den Genozid in Kambodscha, bei dem je nach Schätzung zwischen 750.000 und mehr als 2 Millionen Menschen durch Hinrichtung, Zwangsarbeit, Hunger und mangelhafte medizinische Versorgung ums Leben gekommen waren.[103] Auch mit dem Regime des Diktators Mao Tse-tung sympathisierte der *KBW*. Mao wird insgesamt für 40-80 Millionen Tote verantwortlich gemacht, die aufgrund von vermeidbaren Hungersnöten, Bestrafungsaktionen und politischen Säuberungen starben.[104]

1985 löste sich der *KBW* offiziell auf, sein Vermögen ging an den Verein *Assoziation*, der die grün-alternative Bewegung unterstützen sollte. Mitglieder des *KBW* waren unter anderem die späteren Grünen-Politiker Joscha Schmierer, Ralf Fücks, Willfried Maier, Reinhard Bütikofer, Winfried Kretschmann, Krista Sager und andere.[105] Das Vermögen des *KBW* wurde im Verfassungsschutzbericht 1984 auf rund 9 Millionen DM geschätzt.[106]

Der *KBW* gab offen zu, dass seine Forderungen »*nicht auf der Linie der Verfassung*« liegen (»Die Verfassung der BRD und die demokratischen Forderungen der Kommunisten«, Hrsg. ZK des KBW, 1974 u.a. S. 23/24).[107]

Der *KBW*-Aussteiger Reiner Esche (später bei der *Alternativen Liste Berlin*) über den *KBW*: »*Das Schlimme ist, dass der KBW nicht nur terroristisch mit den Mitgliedern umgegangen ist, der KBW ist auch terroristisch mit der Gesellschaft, mit den Menschen umgegangen*«.[108]

Auch beim *KBW* gab es von 1978 (2.300 Mitglieder) bis 1980 (1.500 Mitglieder) - also zur Zeit der Parteigründung DIE GRÜNEN - einen Verlust an Mitgliedern in Höhe von 800 Personen. Hier stellt sich ebenfalls die Frage, wie viele von ihnen zu den Grünen gewechselt sind. Bis zum Jahr 1985 sank die Zahl weiter bis auf 400 Mitglieder.[109]

Die *Kommunistische Partei Deutschlands (KPD)*

Die linksextreme *Kommunistische Partei Deutschlands (KPD-AO)* wurde 1970 als *KPD-AO* gegründet. Wie auch andere K-Gruppen wollte die *KPD-AO* an die Tradition der alten, 1956 vom Bundesverfassungsgericht verbotenen *KPD* anknüpfen. Die verbotene *KPD* unterhielt enge Kontakte zur *SED*-Diktatur in der DDR. Die *KPD-AO* vertrat die Theorien von Marx, Engels, Lenin, Stalin und Mao Tse-tung.[110]

Die *KPD-AO* (später umbenannt in *KPD)* hat eine Reihe von Hilfsorganisationen gebildet: Am 9. Juli 1972 gründete sie den *Kommunistischen Jugendverband (KJV)*, im Mai 1971 den *Kommunistische Studentenverband (KSV)* und am 14. Juli 1971 in Berlin die *Liga gegen den Imperialismus.*[111]

1980, also im Jahr der Parteigründung DIE GRÜNEN, löste sich die *KPD* auf. Ein großer Teil der ehemaligen Mitglieder wechselte zu den Grünen und den *Alternativen Listen.* Die letzte bekannte Mitgliederzahl der *KPD* ist aus dem Jahr 1978 und beläuft sich auf ca. 550 Mitglieder.[112]

Der unter »*strengster Geheimhaltung*« 1977 »*durchgeführte II. KPD-Parteitag beschloss u.a. eine eigene „Militärorganisation“ zu schaffen und eine Parteigliederung in der DDR aufzubauen*«.[113]

»*Die KPD ordnete sich völlig der politischen Linie der KP Chinas unter. Eine dreiköpfige KPD-Delegation unter Leitung des Politbüromitglieds Christian Semler hielt sich vom 8. bis 30. November [1976] in China auf und sprach mit einem Mitglied des Politbüros und mit dem Leiter der Abteilung Internationale Verbindungen des ZK der KP Chinas. Dabei wurde die „enge Kampfgemeinschaft“ beider Parteien betont.*«[114]

Zu den einstigen *KPD*-Mitgliedern und späteren Grünen gehörten u.a.: Frank Heterich, Dieter Kunzelmann, Sabine Bard, Klaus-Jürgen Schmidt, Martin Thomas, Uwe Tietz, Klaus Timpe, Jürgen Wachsmuth und Helmut Warnke.

Auch in der *KPD* waren viele Mitglieder, die später in den Medien Einzug fanden, darunter u.a.: der Chefredakteur (2002-2010) vom *Handelsblatt*; der Kolumnist für die Zeitschrift *Capital* Bernd Ziesemer; der frühere *taz*-Journalist Christian Semler; der Mitarbeiter bei *Die Welt* und 2004 bis 2008 Kommentarchef der *Welt am Sonntag* Alan Posener und die freie Journalistin Helga Hirsch (*Die Welt, Frankfurter Allgemeine Zeitung, Die Zeit*).[115]

Wenn man alleine diese drei zuvor genannten K-Gruppen betrachtet, haben eine ganze Reihe der Kommunisten später den Weg in die Partei DIE GRÜNEN beschritten - stellenweise sogar in Führungspositionen und nicht weniger bedeutend einen nicht zu unterschätzenden Einfluss in der Medienwelt bekommen. Ein Einfluss, der sich bis heute in der Politik und in den Medien bemerkbar macht.

Personelle Wanderung von den kommunistischen Parteien/Organisationen zu den Grünen

Tabelle (nächste Seiten):

Personelle Wanderung von den kommunistischen Parteien/ Organisationen zu den Grünen

Quellen: Wikipedia.de; *Die Kader der Grünen*, CDU/CSU-Bundestagsfraktion (Hrsg.: Rudolf Seiters), Bonn 1986; CDU-Dokumentation der CDU/CSU-Bundestagsfraktion, 8/89 und separat aufgeführte Quellen (siehe Fußnoten).

Anmerkung: Nicht alle Daten konnten ermittelt werden, unbekannte oder ungenaue Angeben haben wir mit »ca.«, »vor« oder »bis« eingegrenzt. Bei der Funktion haben wir jene Vermerkt, die uns als aussagekräftig erschien um den Einfluss deutlich zu machen.

Das kommunistische Netzwerk bei den Grünen

Name	Partei/Gruppe/Organisation	K-Gruppe von-bis	Funktion, bzw. Mandat, Regierungsposten (früher und/oder heute)	Grüne oder Vorläuferorga.
Albartus, Gerd	Revolutionäre Zellen (RZ)	ca. 1977/78	Grünen-Mitarbeiter in Brüssel (Mitte 1980er)	1980er
Bard, Sabine	Kommunistische Partei Deutschlands (KPD)	ca. 1973-1979	MdB (1983-1985), Stadträtin in Aichach für Bündnis 90 / Die Grünen (1990-2011)	1980-†2016
Bartkowiak, Jan	Kommunistischer Bund (KB) / Gruppe Z	-1983 (116)	Vorstand der Grünen in SH (1987)	vor 1987-
Baumgärtner, Klaus	Kommunistischer Bund Westdeutschlands (KBW)	-1982	Stadtrat Düsseldorf (1984-), Vorstand der Heinrich-Böll-Stiftung NRW (2005-)	vor 1984-heute
Beer, Angelika	Kommunistischer Bund (KB) / Gruppe Z	1970er	MdB (1987-1990, 1994-2002), Bundesvorsitzende (2002-2004), MdEP (2004-2009)	1980-2009, dann Piratenpartei
Birkelbach, Dagmar	Kommunistischer Bund (KB) / Gruppe Z	1970er	Abgeordnete im Bezirk Berlin Schöneberg (1985-1987, 1989-1991) (117)	1978 (AL)
Borsum, Ingo	Kommunistischer Bund (KB) (118)	1971-1979 (118)	Fraktionsgeschäftsführer Hamburger Bürgerschaft für die GAL (1982) (118)	1980-1984 (GAL-HH) (118)
Bütikofer, Reinhard	Kommunistischer Bund Westdeutschlands (KBW)	1980er	Bundesvorsitzender (2002-2008), MdEP (2009-heute) (119)	1984-heute
Cohn-Bendit, Daniel	Revolutionärer Kampf (RK)	1969-	Europaabgeordneter (1994-2014)	1978-heute
Duffner, Georg	Kommunistischer Bund Westdeutschlands (KBW)	1976-	Ortsvorstand Karlsruhe (2017-heute)	2011-heute
Doughan, Sina	Rote Hilfe (RH)	ca. 2013	Sprecherin der Grünen Jugend (2011-2013)	2006-
Ebermann, Thomas	Kommunistischer Bund (KB) / Gruppe Z	1971	MdB (1987-1989)	1980-1990
Esche, Reiner	Kommunistischer Bund Westdeutschlands (KBW)	ca. 1973-1978	Pressesprecher (1982-1984), Wahlkampfmanager (1985) (120)	1980er (AL) Berlin (120)
Fischer, Andrea	Gruppe Internationale Marxisten (GIM)	vor 1985	MdB (1994-2002), Ministerin (1998-2001), Bezirksverordnetenversammlung Berlin-Mitte (2011-2012)	1985-
Fischer, Ulrich	Rote Hilfe (RH)	1971-1973	MdB (1986-1987), Referent im Bundestag (1991-2003) (121)	1983
Fischer, Joschka	Revolutionärer Kampf (RK)	ca. 1969	Außenminister (1998-2005), MdB (1983-1985, 1994-1998)	1982-heute
Fücks, Ralf	Kommunistischer Bund Westdeutschlands (KBW)	1970er	Bundessprecher (1989-1990), Vorstand Heinrich-Böll-Stiftung (1997-2017)	1982-heute

Das kommunistische Netzwerk bei den Grünen

Name	Partei/Gruppe/Organisation	K-Gruppe von-bis	Funktion, bzw. Mandat, Regierungsposten (früher und/oder heute)	Grüne oder Vorläuferorga.
Gentzsch, Udo	Kommunistischer Bund (KB) / Gruppe Z	ca. 1981	Vorstand Hamburger Landesverband	ca. 1981
Goltermann, Klaus	Kommunistischer Bund (KB) / Gruppe Z	1970er	Gründungsmitglied, gehörte zum Leitungsgremium der Gruppe Z	1979-1982
Helms, Reimund	Kommunistischer Bund (KB) / Gruppe Z	1974-1979	Mitglied des Berliner Abgeordnetenhauses (1985-1987, 1990-1995)	1978 (AL)
Hergenröder, Udo	Deutsche Kommunistische Partei (DKP)	1973-1982	Hamburgische Bürgerschaft (1982-1984)	1981-1984
Herterich, Frank	Kommunistische Partei Deutschlands (KPD)	ca. 1974-1976	Planungsstab Auswärtiges Amt unter Joschka Fischer (1999-2008) (122)	?
Hildebrandt, Dietrich	Kommunistischer Bund Westdeutschlands (KBW)	ca. 1974-1976	MdL-BW (1996-2001), Mitglied der Grünen Landtagsfraktion Heidelberg (1996-2001)	1989-
Hoeltje, Bettina	Kommunistischer Bund (KB) / Gruppe Z	ca. 1980	Mitglied im Bundesvorstand (1980-1981), Hamburgische Bürgerschaft (1982,1985/86)	1979-
Hopfenmüller, Günter	Kommunistischer Bund (KB) / GruppeZ	1977-1983	Mitglied im Bundesvorstand (1982-1986)	vor 1982
Hoss, Willi	Kommunistische Partei Deutschlands (KPD) / Deutsche Kommunistische Partei (DKP)	1945-ca.1968 / DKP bis 1972	MdB (1983-1985, 1987-1990)	1979-2001
Hubert, Eva	Kommunistischer Bund (KB) / Gruppe Z	1976-1979	Gründungsmitglied, Hamburgische Bürgerschaft (1986-1987, 1989-1991)	1979/80-1989
Jelpke, Ulla	Kommunistischer Bund (KB) / Gruppe Z	1971-1982 (Mitbegründerin)	Hamburgische Bürgerschaft (1981-1989), MdB (1990-2002, 2005-heute für Die Linke)	1981-1989
Jünschke, Klaus	Rote Armee Fraktion (RAF)	1970er	Für Die Grünen im Beirat der JVA Köln-Ossend.	?
Kieseritzky, Thomas	Kommunistischer Bund (KB) (123)	1970er/1980er (123)	Satzungskomission der Europagrünen ca. 1980 (123)	ca. 1990er (124)
Klöpper, Gerald	Bewegung 2. Juni	ca. 1975	Wahlkandidat der AL Berlin (1981)	ca. 1981
Kniestedt, Carla	Sozialistische Einheitspartei Deutschlands (SED)	1981-1989	MdL in Brandenburg (2019-heute)	ca. 2019

Das kommunistische Netzwerk bei den Grünen

Name	Partei/Gruppe/Organisation	K-Gruppe von-bis	Funktion, bzw. Mandat, Regierungsposten (früher und/oder heute)	Grüne oder Vorläuferorga.
Koenigs, Tom	Revolutionärer Kampf (RK)	1970er	Landesvorstandssprecher Hessen (1997-1999), MdB (2009-2017)	1983-heute
Kretschmann, Winfried	Kommunistischer Bund Westdeutschlands (KBW)	1973-1975	Ministerpräsident in BW seit 2011	1979/80 - heute
Küntzel, Matthias	Kommunistischer Bund (KB) / Gruppe K	bis 1991/1991 bis	Wissenschaftlicher Mitarbeiter der Bundestagsfraktion der Grünen (1984-1988	?
Kukielka, Christina	Kommunistischer Bund (KB)	1970er	Hamburgische Bürgerschaft (1986-1989)	1980 (GAL)
Kuhn, Hermann	Kommunistischer Bund Westdeutschlands (KBW)	1973-1981	Bremische Bürgerschaft (1991-2003, 2007-2015), Landesvorstandssprecher Bremen (2011-2013, 2018-2019)	1989/90-heute
Kummer, Ines	Sozialistische Einheitspartei Deutschlands (SED)	1980-1989	MdL Sachsen seit Januar 2020	1998-heute
Kunzelmann, Dieter	Kommunistische Partei Deutschlands (KPD) / Tupamaros / Rote Hilfe (RH)	1975 (KPD-Kandidat)	Berliner Abgeordnetenhaus (1983-1985)	1978 (AL)
Maier, Willfried	Kommunistischer Bund Westdeutschlands (KBW)	1970er	Gründungsmitglied, Hamburgische Bürgerschaft seit 1993	1980- (126)
Möhle, Klaus	Kommunistischer Bund Westdeutschlands (KBW)	1980er	Landesvorstandssprecher der Bremer Grünen (1999-2003)	vor 1996-2009/2010 (126)
Möller, Heiner	Kommunistischer Bund (KB), Mitbegründer und Vorstand des KB (127)	1971-1991 (127)	Erster Geschäftsführer der GAL in Hamburg 1981-1983 (127)	1981- (127)
Müller, Erhard Otto	Kommunistischer Studentenverband (KSV)	1975 -1980	Gründungsmitglied, Landesvorstand der Grünen NRW (1981-1983)	ca.1980-
Müller, Kerstin	Gruppe Internationaler Marxisten	vor 1986	MdB (1994-2013), Ministerin, bis ca. 2018 Leiterin der Tel-Aviv Büros der Heinrich-Böll-Stiftung	1986-heute
Mützelburg, Dieter	Kommunistischer Bund Westdeutschlands (KBW)	1970er/80er	Sprecher des LV Bremen (1986-1988, 1991), Bremer Landesregierung (2007-2011).	1979 (AL)
Nachtwei, Winfried	Kommunistischer Bund Westdeutschlands (KBW)	1970er	MdB (1994-2009)	ca. 1980-heute
Nikolaus, Annemarie	Kommunistischer Bund Westdeutschlands (KBW)	1970er	Bezirksabgeordnete Berlin (1981-1989)	1980er

Das kommunistische Netzwerk bei den Grünen

Name	Partei/Gruppe/Organisation	K-Gruppe von-bis	Funktion, bzw. Mandat, Regierungsposten (früher und/oder heute)	Grüne oder Vorläuferorga.
Pein, Marion	Kommunistischer Bund (KB) / Gruppe Z	ca. 1983 (128)	Hamburgische Bürgerschaft (1985-1986)	ca. 1985
Roske, Norbert	Kommunistischer Bund Westdeutschlands (KBW)	1970er	MdB (1990), MdL Niedersachsen (1990-1998)	1985
Reents, Jürgen	Kommunistischer Bund (KB) / Gruppe Z	1970-1983	MdB (1983-1985)	1977 (BLH) / 1980-1991 (Die Grünen)
Rüdel, Peter	Kommunistischer Bund (KB) / Gruppe Z	ca. 1978	Geschäftsführer LV Bremen (1983)	vor 1983
Rühle, Heide	Kommunistischer Arbeiterbund Deutschlands (KABD)	1970er	Bundessprecherin (1990-1991) MdEP (1999-2014)	1984
Sager, Krista	Kommunistischer Bund Westdeutschlands (KBW)	-1976	Bundessprecherin (1994-1996), MdB (2002-2013)	1982 (GAL)
Ströbele, Hans-Christian	Rechtsanwalt von Terroristen der Rote-Armee-Fraktion (RAF)	1970er	MdB (1998-2017), Bundessprecher (1990)	1979 (AL) dann Grüne bis heute
Schabram, Günter	Kommunistischer Bund Westdeutschlands (KBW)	ca. 1976-1983	Ratsmitglied Stadt Aachen (1987-2007)	1980er
Schlichting, Jan	Kommunistischer Bund (KB) / Gruppe Z	1978-1980	Im Vorstand des Hamburger LV (ca. 1986)	vor 1983
Schmid, Thomas	Revolutionärer Kampf (RK)	1970er	Frankfurter Amt für multikulturelle Angelegenheiten mit Daniel Cohn-Bendit	1980er
Schmidt, Christian	Wurde seit Mitte der 1980er Jahre dem informellen Netzwerk um Ebermann/Trampert (Gruppe Z) zugerechnet	Mitte 1980er	MdB (1985-1987), Bundessprecher (1987-1988)	1981 (AL), 1984-1990 (Die Grünen)
Schmidt, Klaus-Jürgen	Kommunistische Partei Deutschlands (KPD)	ca. 1975	Abgeordneter im Berliner Abgeordnetenhaus (1981-1983)	ca. 1979 (AL)
Schmidt, Rebekka	Liga gegen den Imperialismus "Liga" (KPD-Nebenorganisation)	1971-	Bundessprecherin der Grünen (1983-1984	ca. 1979 (AL)
Schmierer, Joscha	Kommunistischer Bund Westdeutschlands (KBW)	1973-1985 (Mitbegründer)	Planungsstab Auswärtiges Amt bei Joschka Fischer (1999-2007)	?
Stamm, Michael	Kommunistischer Bund (KB) / Gruppe Z	1970er	"Einflussreicher Sprecher" der Grünen (129)	ca. 1980-1989 (GAL)

Das kommunistische Netzwerk bei den Grünen

Name	Partei/Gruppe/Organisation	K-Gruppe von-bis	Funktion, bzw. Mandat, Regierungsposten (früher und/oder heute)	Grüne oder Vorläuferorga.
Stürmann, Werner	Deutsche Kommunistische Partei (DKP)	vor 1981 (130)	Stellvertr. Regierungssprecher in NRW (1995-)	1990 (131)
Schüler, Peter	Sozialistische Einheitspartei Deutschlands (SED)	bis 1989	MdL Brandenburg (1992-1993)	1991
Thomas, Martin	Kommunistische Partei Deutschlands (KPD)	ca. 1975	Bremische Bürgerschaft (1986-1999)	1983
Tietz, Uwe	Kommunistische Partei Deutschlands (KPD)	Anfang 1970er -	Berliner Abgeordnetenhaus 1983-1985)	1978 (AL)
Timpe, Klaus	Kommunistische Partei Deutschlands (KPD)	1970er	Im Bundesvorstand der Grünen (1981-1983) (132)	vor 1981
Trampert, Rainer	Kommunistischer Bund (KB) / Gruppe Z	1974-1979	Mitbegründer/Bundessprecher (1982-1987)	1980
Treber, Dirk	Kommunistische Partei Deutschlands/Marxisten-Leninisten (KPD/ML)	1970er	MdL Hessen (1982-1985) Mitglied im Landesvorstand Hessen (1981-1982)	1981
Trittin, Jürgen	Kommunistischer Bund / Gruppe Z	-1980	MdB (1989-heute) /Bundessprecher (1994-1998), Bundesminister für Umwelt, Naturschutz und Reaktorsicherheit (1998-2005)	1980-heute
Voigt, Wilfried	Kommunistischer Bund Westdeutschlands	vor 1983	MdL-SH (1996), Staatssekretär in Hessen (2003-2005)	1983
Vollmer, Antje	Liga gegen den Imperialismus (Liga) - KPD-Nebenorganisation	1970er	MdB (1983-1985, 1987-1990, 1999-2005)	1985-heute
Wachsmuth, Jürgen	Kommunistische Partei Deutschlands (KPD)	1970er	Berliner Abgeordnetenhaus	1978 (AL)
Warnke, Helmut	Kommunistische Partei Deutschlands (KPD)	1926-1954	Ortsausschuss Fuhlsbüttel (1982-1984)	1982(GAL)-1999
Wieland, Wolfgang	Kommunistischer Studentenverband (KSV)	ca. 1970er	MdB 2005-2013, Bürgermeister von Berlin 2001-2002	1978 (AL)
Zais, Petra	Sozialistische Einheitspartei Deutschlands (SED)	1977-1990	Landtagsabgeordnete in Sachsen (2014-2019)	1990er
Zieger, Christiane	Kommunistischer Bund / Gruppe Z	vor 1983	Berliner Abgeordnetenhaus	ca. 1983 (AL)

Fahndungsplakat des Bundeskriminalamtes aus den 1970er Jahren mit Klaus Jünschke

Skandale, Affären, Betrug, Sexueller Missbrauch, Lobbyismus und Zitate

Baerbock, Annalena (15.12.1980)

Seit 2005	Mitglied von BÜNDNIS 90/DIE GRÜNEN
2009-2012	Vorstandsmitglied der *Europäischen Grünen Partei (European Green Party - EGP)*
2008-2013	Sprecherin der Bundesarbeitsgemeinschaft Europa von BÜNDNIS 90/DIE GRÜNEN
2009-2013	Vorsitzende des Landesverbands BÜNDNIS 90/DIE GRÜNEN in Brandenburg
Seit 2013	Mitglied des Deutschen Bundestages
Seit 2018	Bundesvorsitzende BÜNDNIS 90/DIE GRÜNEN gemeinsam mit Robert Habeck

Verbindungen/weitere Ämter:

Baerbock ist Mitglied des *European Council on Foreign Relations (ECFR)* und Mitglied der *Europa-Union Deutschland e.V.* und Teilnehmerin am *MSC Side Event* der *Atlantik-Brücke e.V.*

Zitat von Annalena Baerbock:

*»An Tagen wie diesen, wo es grau ist, da haben wir natürlich viel weniger erneuerbare Energien. Deswegen haben wir Speicher. Deswegen **fungiert das Netz als Speicher**. Und das ist alles ausgerechnet.«*

Quelle: Deutschlandfunk, 21.01.2018 https://www.deutschlandfunk.de/kandidatin-fuer-den-parteivorsitz-der-gruenen-ich-bin.868.de.html?dram:article_id=408793, abgerufen am 24.11.2020

Anmerkung: Im Stromnetz kann kein Strom gespeichert werden.

Weiteres Zitat von Annalena Baerbock:

»Deutschland hat Pro-Kopf-Emission von 9 Gigatonnen pro Einwohner«

Quelle: Politsendung Maybrit Illner vom 13.12.2018, ca. Minute 28:30. https://www.youtube.com/watch?v=sRUx0RtXa68, abgerufen am 24.11.2020

Anmerkung: Die Pro-Kopf-Emission an CO_2 in Deutschland lag 2019 bei 7,9 Tonnen (nicht Gigatonnen).

https://de.statista.com/statistik/daten/studie/153528/umfrage/co2-ausstoss-je-einwohner-in-deutschland-seit-1990/#:~:text=Im%20Jahr%202019%20produziert%20ein,Kopf-CO2-Emissionen%20weltweit, abgerufen am 24.11.2020

Weiteres Zitat von Annalena Baerbock:

*»Und eigentlich sind wir die **größte Volkswirtschaft der Welt**, dann ist doch in der Vergangenheit offensichtlich was falsch gelaufen.«*

Quelle: Polittalk Anne Will, Milliarden gegen die Krise - wird das Geld richtig investiert? ARD, 25.05.2020, 21:45, ca. Minute 23:40

https://www.ardmediathek.de/daserste/video/anne-will/milliarden-gegen-die-krise-wird-das-geld-richtig-investiert/das-erste/Y3JpZDovL25kci5kZS81YmNjYTcwZi1iOTQzLTQyOTEtYjgwYS03OTM1N2MyMTNiODQ/, abgerufen am 24.11.2020

Anmerkung: Die größten Volkswirtschaften sind die USA, China und Japan. Deutschland folgt auf Platz vier.

Weiteres Zitat von Annalena Baerbock:

»Kobold - wo kommt das eigentlich her? Wie kann das recycelt werden? Müssen wir natürlich Antworten geben und da gibt es jetzt die ersten Batterien, die auf Kobold verzichten können."

Quelle: ARD-Sommerinterview, 28.07.2019, ca. Min 10:07

https://www.tagesschau.de/multimedia/video/video-573847.html, abgerufen am 24.11.2020

Anmerkung: Das chemische Element in Batterien/Akkus heißt Cobalt.

Beck, Volker (12.12.1960)

Seit 1985	**Mitglied in der Partei DIE GRÜNEN**
1986	**Kreisvorstand DIE GRÜNEN in Stuttgart**
1994-2017	**Mitglied des Deutschen Bundestages für BÜNDNIS 90/DIE GRÜNEN**
1994-2002	**Rechtspolitischer Sprecher der Fraktion BÜNDNIS 90/DIE GRÜNEN**
2002	**Verleihung des Bundesverdienstkreuzes**
2002-2013	**Erster Parlamentarischer Geschäftsführer BÜNDNIS 90/DIE GRÜNEN**
2005-2013	**Menschenrechtspolitischer Sprecher der Fraktion BÜNDNIS 90/DIE GRÜNEN**

Verbindungen/weitere Ämter:

Volker Beck ist ehrenamliches Mitglied des AJC in Berlin.

Nach einem Drogenfund bei Volker Beck während einer Polizeikontrolle trat er am 2. März 2016 von allen Fraktions- und Parlamentsämtern zurück.[133]

Laut Medienberichten handelte es sich bei der Droge um Crystal Meth.[134] Nachdem der Deutsche Bundestag die Immunität Becks aufgehoben hatte, nahm die Staatsanwaltschaft Berlin am 17. März 2016 Ermittlungen gegen Volker Beck auf.[135] Das Verfahren wurde am 13. April 2016 gegen Zahlung einer Geldauflage von 7.000 € eingestellt.[136]

Beck hatte sich in einem 1988 erschienenen Text in dem Buch »*Der pädosexuelle Komplex*« für die Entkriminalisierung der Pädosexualität ausgesprochen. Wörtlich: »*Eine Entkriminalisierung der Pädosexualität ist angesichts des jetzigen Zustandes ihrer globalen Kriminalisierung dringend erforderlich.*«[137] Mit anderen Worten: Beck forderte, dass sexuelle Handlungen von Erwachsenen mit Kindern nicht mehr verboten sein sollten.

2007 erklärte Beck in einem Interview, der damalige Abdruck sei nicht genehmigt und durch eine freie Redigierung vom Herausgeber im Sinn verfälscht worden.[138] Am 20. September 2013 berichtete Spiegel Online, dass der Buchbeitrag Becks »*nicht inhaltlich verfälscht worden*« sei und nannte diese Erklärung Becks eine »*Täuschung der Öffentlichkeit*«.[139]

Beck versuchte die Veröffentlichung seines Originalmanuskripts gerichtlich zu unterbinden, da der Text ohne seine Zustimmung veröffentlicht worden sei.[140] Nach mehreren Gerichtsinstanzen endete das Verfahren vor dem Bundesgerichtshof (BGH) am 30. April 2020 mit Becks Niederlage (Az. I ZR 228/15).[141]

Heute gibt Beck zu verstehen, dass seine frühere Ansicht ein Irrtum gewesen sei. Angesichts der jahrelangen Pädophilie-Debatte bei BÜNDNIS 90/DIE GRÜNEN und vieler Erklärungsversuche dürfte das jedoch angezweifelt werden.

Zitat von Volker Beck:

»*Eine Entkriminalisierung der Pädosexualität ist angesichts des jetzigen Zustandes ihrer globalen Kriminalisierung dringend erforderlich, nicht zuletzt weil sie im Widerspruch zu rechtsstaatlichen Grundsätzen aufrechterhalten wird.*«

Quelle: »Das Grüne Gedächtnis« in Der Spiegel, Nr. 39/2013 und Spiegel.de, 21.09.2013
https://www.spiegel.de/spiegel/print/d-113750717.html, abgerufen am 24.11.2020

Benker, Siegfried (5.4.1957)

1977	Eintritt in die *Aktionsgemeinschaft Unabhängiger Deutscher (AUD)*
1979	Mitbegründer des Münchner Kreisverbandes der Grünen
1982	Mitbegründer der *Alternative Liste München (ALM)*
1993-1995	Stadtrat in München
1996-2013	Stadtrat in München
1996-2012	Fraktionsvorsitzender der *Grünen/rosa Liste* im Münchner Stadtrat
2013	Geschäftsführer der städtischen *MünchenStift GmbH*

Am 16. Oktober 2003 wurde Siegfried Benker vom Amtsgericht München zu fünf Tagessätzen á 30 Euro auf Bewährung verurteilt. Ihm wurde vorgeworfen gegen das Versammlungsgesetz verstoßen und zu Straftaten aufgerufen zu haben.[142] Zusammen mit anderen Antifaschisten hatte der Grünen-Politiker gefordert, eine Demonstration gegen die Wehrmachtsausstellung zu verhindern.

Benker hat das politische Grundrecht anderer verletzt. In Deutschland obliegt es den Behörden, Demonstrationen zu verbieten. In diesem Fall lag eine Genehmigung vor, über die sich der Angeklagte versucht hat hinwegzusetzen.

Berg, Stefanie von (16.08.1964)

2011-2018	Mitglied in der Hamburgischen Bürgerschaft in der Fraktion BÜNDNIS 90/DIE GRÜNEN
2015-2017	Beisitzerin im Landesvorstand von BÜNDNIS 90/DIE GRÜNEN
2018	Niederlegung ihres Bürgerschaftsmandats
2019	Bezirksamtsleiterin des Bezirks Hamburg-Altona

Zitat von Stefanie von Berg:

»Frau Präsidentin, meine Damen und Herren, unsere Gesellschaft wird sich ändern, unsere Stadt wird sich radikal verändern, ich bin der Auffassung, dass wir in 20, 30 Jahren gar keine ethnischen Mehrheiten mehr haben in unserer Stadt. Das ist auch das, was Migrationsforscher und -Forscherinnen sagen: Wir werden in einer Stadt leben, in der es - einfach gesagt - dass unsere Stadt davon lebt, dass wir ganz viele verschiedene Ethnien haben - ganz viele Menschen - dass wir eine superkulturelle Gesellschaft haben, meine Damen und Herren. Das ist das, was wir haben werden in der Zukunft. Und ich sage Ihnen noch ganz deutlich, gerade hier in Richtung rechts: das ist gut so!«

> *Quelle: Rede in der Bürgerschaft vom 11.11.2015 https://www.youtube.com/watch?v=vb9XYpjDdOo&feature=emb_logo, Abgerufen am 20.12.2020*

Budich, Martin Norbert (ca. 1949)

ca. 1997	Stellvertretender Vorsitzender der *Jungdemokraten*
ca. 1981	Mitglied im *Liberalen Hochschulverband (LHV)*
1981	NRW-Landesvorsitzender der *Jungdemokraten*
1983-1985	Bundesvorsitzender der *Jungdemokraten*
	Sprecher der Grünen des Kreisverbandes Bochum
Ca. 1999	Austritt aus der Partei DIE GRÜNEN

Budich verließ DIE GRÜNEN wegen ihrer Pro-Haltung zum Kosovo-Krieg.

Der Grünen-Politiker und Betreiber eines linken Netzprojekts wurde vom Bochumer Amtsgericht am 9. Dezember 2004 zu einer Geldstrafe von 30 Tagessätzen á 50 Euro auf zwei Jahre Bewährung verurteilt, wegen öffentlicher Aufforderung zu Straftaten.[143] Zusätzlich legte ihm das Gericht eine Zahlung in Höhe von 1.000 Euro an einem Tierschutzverein auf.[144]

Budich hatte ein Plakat veröffentlicht, das ein Mädchen mit Steinschleuder zeigte. Darin sah man eine Aufforderung zu gefährlicher Körperverletzung und zu Verhinderung einer Kundgebung mit Waffengewalt.[145]

Im 21. Juli 2010 stand Martin Budich erneut vor Gericht wegen Aufrufs zur gefährlichen Körperverletzung und zum Verstoß gegen das Versammlungsrecht. Vom Amtsgericht Bochum wurde Martin Budich zu einer Geldstrafe von 1.500 Euro verurteilt.

Erstinstanzlich war Budich vom Amtsgericht freigesprochen worden. Die Staatsanwaltschaft legte Berufung ein und das Oberlandesgericht gab die Sache ans Amtsgericht Bochum zurück. Hier wurde Budich diesmal verurteilt.[146] Die Gerichtsverhandlung wurde ständig von Zuschauern durch Gelächter und Zwischenrufen gestört.[147] Allerdings - wie das Urteil zeigt - waren diese Störungen diesmal erfolglos.

Eine Erklärung, die die Einstellung des Verfahrens oder Freispruch forderte, wurde u.a. von der Vizepräsidentin des Deutschen Bundestages Petra Pau (Die Linke), der Bundestagsabgeordneten Sevim Dagdelen (Die Linke), und der damaligen Grünen-Chefin Claudia Roth unterzeichnet.[148]

Ein Proteststurm von politisch linken Aktivisten begleitete das Verfahren über Jahre, bis Budich nach erneuter Berufung Recht bekam.

Bütikofer, Reinhard (26.01.1953)

1970er	Mitglied im *Kommunistischen Bund Westdeutschlands (KBW)*
Seit 1982	Mitglied der *Grün-Alternativen Liste (GAL)*
1988-1996	Abgeordneter im Landtag von Baden-Württemberg für BÜNDNIS 90/DIE GRÜNEN
1997-1999	Landesvorsitzender von BÜNDNIS 90/DIE GRÜNEN in Baden-Württemberg
1998-2002	Politischer Geschäftsführer im Bundesvorstand von BÜNDNIS 90/DIE GRÜNEN
2002-2008	Bundesvorsitzender BÜNDNIS 90/DIE GRÜNEN
Seit 2009	Mitglied des Europäischen Parlaments für BÜNDNIS 90/DIE GRÜNEN
2012-2019	Vorsitzender der *Europäischen Grünen Partei (European Green Party - EGP)*

Verbindungen/weitere Ämter:

Bütikofer ist Mitglied der Deutschen Gesellschaft für Auswärtige Politik e.V. (DGAP)[149], der Europa-Union Deutschland[150], Mitglied im Board des Aspen Instituts Berlin und Beirat des AJC Ramer Center in Berlin.[151]

Zitat von Reinhard Bütikofer:

»Wir brauchen in Zukunft mehr Zuwanderer, um unsere demographische Entwicklung abzufedern und um unsere wirtschaftliche Wettbewerbsfähigkeit zu erhalten.«

> Quelle: Hamburger Morgenpost, 05.05.2006
> https://www.mopo.de/innere-sicherheit-innenminister-beschluss-zu-einbuergerungen-erwartet-19915112?originalReferrer=https://www.google.de/&originalReferrer=, abgerufen am 20.12.2020

Cohn-Bandit, Daniel (04.04.1945)

1968	Prominenter Sprecher der Studenten-Bewegung in Paris
1970	Mitbegründung der *Karl-Marx-Buchhandlung* in Frankfurt-Bockenheim
1976	Gründer des linksalternativen Stadtmagazins *Pflasterstrand*
Seit 1978	Engagement für die damals entstehende Partei DIE GRÜNEN
1984	Mitglied bei den Grünen in Hessen
1989-1997	Dezernent des Amts für Multi-Kulturelle Angelegenheiten in Frankfurt am Main
1994-2014	Mitglied im Europäischen Parlament
2002-2014	Vorsitzender der Grünen Fraktion im Europäischen Parlament

Zitat von Daniel Cohn Bandit:

»Bei den Kindern ist mir bewusst geworden, dass dieses Bedürfnis, den anderen von mir abhängig zu machen, tatsächlich in allen meinen Beziehungen vorhanden ist. Mein ständiger Flirt mit allen Kindern nahm bald erotische Züge an. Ich konnte richtig fühlen, wie die kleinen Mädchen von fünf Jahren schon gelernt hatten, mich anzumachen. Es ist kaum zu glauben. Meist war ich ziemlich entwaffnet.«

Daniel Cohn-Bandit später weiter:

»Es ist mir mehrmals passiert, dass einige Kinder meinen Hosenlatz geöffnet und angefangen haben, mich zu streicheln. Ich habe je nach den Umständen unterschiedlich reagiert, aber ihr Wunsch stellte mich vor Probleme. Ich habe sie gefragt: „Warum spielt ihr nicht untereinander, warum habt ihr mich ausgewählt und nicht andere Kinder?“ Wenn sie darauf bestanden, habe ich sie dennoch gestreichelt.«

Quelle: Auszug aus dem Buch von Daniel Cohn-Bendit, »Der große Basar«, Trikont Verlag, 1975 laut Magazin »Emma«, 1. Mai 2001, https://www.emma.de/artikel/daniel-cohn-bendit-ich-hatte-lust-264015, abgerufen am 20.12.2020

Ein weiteres Zitat von Daniel Cohn Bandit:

In der französischen Talkshow *Apostrophes* am 23. April 1982.

»Quand une petite fille de 5 ans, 5 ans et demi, commence à vous déshabiller, c'est fantastique. C'est fantastique parce que c'est un jeu érotique, maniaque.«

übersetzt: *Wenn ein fünf Jahre altes, fünfeinhalb Jahre altes Mädchen anfängt, dich auszuziehen, ist es fantastisch. Es ist fantastisch, weil es ein erotisches, manisches Spiel ist.*

Quelle: Internetseite Correctiv.org, »Ja, dieses Zitat stammt von dem Grünen-Politiker Daniel Cohn-Bendit im Jahr 1982«

https://correctiv.org/faktencheck/politik/2019/12/10/ja-dieses-zitat-stammt-von-dem-gruenen-politiker-daniel-cohn-bendit-im-jahr-1982/, abgerufen am 20.12.2020

Croissant, Klaus (24.05.1931-28.3.2002)

Juni 1972	Verteidiger der linksradikalen RAF-Terroristen Andreas Baader (wegen vierfachen Mordes und 54-fachen Mordversuches verurteilt) und Ulrike Meinhof im Stammheim-Prozess
1979	Wegen Unterstützung einer kriminellen Vereinigung *(RAF)* zu 2,5 Jahren Gefängnis verurteilt
13.09.1988	Gewählter Bürgermeisterkandidat der *Alternativen Liste*
29.01.1989	Bürgermeisterkandidat der *Alternativen Liste* bei den Wahlen in Berlin-Kreuzberg
1990	Austritt bei den Grünen und Eintritt in die *Partei des demokratischen Sozialismus (PDS)*
5.03.1993	Verurteilt wegen geheimdienstlicher Agententätigkeit für die Stasi der *SED*-Diktatur zu 21 Monaten Freiheitsstrafe auf Bewährung

Als Verteidiger der Gründungsmitglieder der *RAF*, wie Ulrike Meinhof und Andreas Baader, wurde er zunächst 1975 aus dem Stammheimer RAF-Verfahren ausgeschlossen[152] und ebenfalls 1975 wegen des Verdachts der Unterstützung einer kriminellen Vereinigung verhaftet. Eine kurzzeitige Haftverschonung nutzte er 1977 zur Flucht nach Frankreich. Trotz seines Antrags auf Asyl wurde er den deutschen Behörden wieder übergeben. 1979 wurde er zu einem Berufsverbot von vier Jahren und einer zweieinhalbjährigen Haftstrafe verurteilt.[153] Das Bundeskriminalamt sah in seiner Kanzlei eine Einsatzzentrale der Terroristen. Wie auch andere Anwälte soll er das »Info-System« der *RAF*-Gefangenen untereinander ermöglicht haben. Da er keine Reue zeigte, musste er, als Ersttäter ungewöhnlich, die gesamte Strafe absitzen.[154]

Nach seiner Entlassung besuchte Croissant mehrmals die DDR und begann mit der Stasi zu kooperieren. Er lieferte eigene Einschätzungen und Informationen über die linke Szene der Bundesrepublik. 1993 wurde er dafür zu einer Haftstrafe von einundzwanzig Monaten vom Kammergericht Berlin verurteilt. Viele seiner linken Freunde bezeichneten ihn als [redacted] Da er in der DDR immer schon das bessere Deutschland gesehen hatte, bereute er seine Tat nicht.[156]

Croissant kandidierte 1989 erfolglos für die *Alternative Liste* als Bürgermeister von Kreuzberg. Als Gegner einer »*Annexion der DDR durch die BRD*«, trat er 1990 der *PDS* (heute *Die Linke*) bei.[157]

Ditfurth, Jutta (29.09.1951)

1978	Mitbegründerin der *»Grüne Liste - Wählerinitiative für Demokratie und Umweltschutz« (GLW)* und der *»Grünen Liste Hessen« (GLH)*
1980	Mitwirkung an der Gründung der Bundespartei DIE GRÜNEN in Karlsruhe als Delegierte
1984-1988	Bundessprecherin der Partei DIE GRÜNEN
1991	Austritt aus der Partei BÜNDNIS 90/DIE GRÜNEN
2001-2008	Stadtverordnetenversammlung in Frankfurt am Main für OkoLinx
2019	Spitzenkandidatin zur Europawahl für OkoLinx

Zitat von Jutta Ditfurth:

»Die grüne Parteispitze scheint wie von einer PR-Agentur geschaffen.«

> Quelle: Welt.de, 25.05.2019, https://www.welt.de/politik/deutschland/article194171453/Jutta-Ditfurth-Fuer-ihre-fruehere-Partei-hat-die-Ex-Gruene-kein-gutes-Wort-uebrig.html, abgerufen am 20.12.2020

Ein weiteres Zitat von Jutta Ditfurth:

»Die Grünen sind ein charakterloser Haufen. Die Sonnenblume ist so verfault, dass sie nicht einmal mehr als Kompost zu gebrauchen ist.«

> *Quelle: Hamburger Morgenpost, 29.09.2000, https://www.mopo.de/-das-waren-die-gruenen----eine-bitterboese-bilanz-von-jutta-ditfurth-verfaulte-sonnenblumen-22872194, abgerufen am 21.12.2020*

Ein weiteres Zitat von Jutta Ditfurth:

»Die heutigen Grünen haben nicht den Hauch von Interesse, diese Gesellschaft humaner zu machen.«

»Die Grünen sind heute ein Abklatsch der Parteien, gegen die sie vor 20 Jahren einmal gegründet worden sind.«

Quelle: n-tv.de, 18.07.2001, https://www.n-tv.de/politik/Das-Ende-des-Waehlerbetrugs-article139056.html, abgerufen am 21.12.2020

Ein weiteres Zitat von Jutta Ditfurth:

»Die Grünen sind Meister in der Kunst des Verrats.«

»Die Täuschung irgendwie "anders" zu sein gelingt nur, weil die heutigen grünen Wähler getäuscht werden wollen und selber täuschen. Die Grünen sind die Partei der gehobenen und auch der verrohenden Mittelschicht. Man attestiert sich wechselseitig ein alternatives Image.«

Quelle: Spiegel.de, 20.02.2011, https://www.spiegel.de/kultur/gesellschaft/alt-linke-jutta-ditfurth-gruenen-waehler-wollen-getaeuscht-werden-a-745943.html, abgerufen am 21.12.2020

Ebermann, Thomas (18.04.1951)

ca. 1971	Mitglied im *Kommunistischen Bund (KB)*
1978	Mitwirkung an der Bildung der *Bunten Liste* Hamburg
1980	Mitbegründer der Partei DIE GRÜNEN
1982	Abgeordneter der Hamburgischen Bürgerschaftswahl für die *GAL*
1987-1989	Bundestagsabgeordneter und Fraktionssprecher der Grünen im Bundestag
1990	Austritt aus der Partei DIE GRÜNEN

Thomas Ebermann hat eine Vergangenheit in einer kommunistischen Partei und zwar seit 1971 im *Kommunistischen Bund (KB)*. Dort war er bezahlter Funktionär. 1975 soll Ebermann dem *KB* 30.000 DM gespendet haben.[158] Er wechselte mit anderen der sogenannten Gruppe Z im Dezember 1979 zu den Grünen[159], für die er auch später im Deutschen Bundestag (1987-1989) saß. Ebermann war nach seinem Ausscheiden bei den Grünen weiterhin Publizist u.a. bei *Konkret* und der *Jungle World.*[160]

Zitat von Thomas Ebermann:

»Links sein heißt kein Vaterland haben, nicht um einen nationalen Standort in der Welt rangeln, sondern denen, die in diesem System das Sagen haben, die Pest an den Hals zu wünschen«.

> *Quelle:* Spiegel.de, 21.09.2008, https://www.spiegel.de/kultur/gesellschaft/debatte-um-links-und-linke-der-oskar-lafontaine-komplex-a-578929.html, abgerufen am 27.09.2020

Fischer, Joschka (Joseph Martin) (12.4.1948)

Seit 1982	**Mitglied der Grünen**
1983-1985	**Mitglied des Deutschen Bundestages**
1985-1987	**Staatsminister für Umwelt und Energie in Hessen, stellvertretendes Mitglied im Bundestag**
1991-1994	**Staatsminister für Umwelt Energie und Bundesangelegenheiten in Hessen**
1994-1998	**Sprecher der Fraktion BÜNDNIS 90/DIE GRÜNEN im Deutschen Bundestag**
1998-2005	**Bundesminister des Auswärtigen und Vizekanzler**
1999	**Ratspräsident der Europäischen Union**

Schon 1967 engagierte sich Fischer in der Studentenbewegung und nahm in den Jahren 1968-1975 als Mitglied der militanten Gruppe »*Revolutionärer Kampf*« *(RK)* an verschiedenen Demonstrationen teil, bei welchen es immer wieder zu gewaltsamen Ausschreitungen kam. Da er die Bannmeile um das *Neue Schloss* in Stuttgart überschritt, kam es zu einer Anklage. Er wurde zu einer Ordnungsstrafe von zweimal drei Tagen Haft verurteilt.[161] Aus diversen Äußerungen aus dieser Zeit ist zu entnehmen, dass Fischer Gewalt als legitimes Mittel nicht ablehnte. Am 10.5.1976 wurde bei einer Demonstration ein Polizist durch einen Molotow-Cocktail lebensgefährlich verletzt. Fischer soll sich noch am Abend vor der Demonstration für den Einsatz von Brandsätzen ausgesprochen haben.[162] Die Bundesanwaltschaft vermutete in einem Bericht vom 8. Februar 1983 die Nähe Fischers zu Personen, die des Mordes und der Mitgliedschaft in der terroristischen Vereinigung *Revolutionäre Zellen* beschuldigt waren. Dies ergab sich aus Ermittlungen im Rahmen der Ermordung des hessischen Wirtschaftsministers Heinz Herbert Karry von der *FDP*. Ermittlungen gegen Fischer selbst wurden eingestellt, nachdem er mit den Grünen in den Bundestag gezogen war und somit den Schutz der Immunität genoss.[163] Wurde Fischer auf diverse Zwischenfälle in seiner Vergangenheit angesprochen, konnte er sich erstaunlich oft an nichts erinnern.

Nachträgliche Ermittlungen der Frankfurter Staatsanwaltschaft zu diesem Vorfall wurden 2001 dadurch behindert, dass die Hessische Staatskanzlei von der Staatsschutzabteilung des Polizeipräsidiums Frankfurt alle Unterlagen über Fischer angefordert hatte, als dieser 1985 in Wiesbaden Umweltminister wurde. Seitdem ist über den Verbleib der Akten nichts bekannt. Im September 2015 - also rund 10 Jahre nach dem Ausstieg Fischers aus der Politik - tauchte merkwürdigerweise die seit 1985 verschollene Polizeiakte Fischer in einem herrenlosen Koffer am Frankfurter Flughafen wieder auf. Darin enthalten waren Fotos, Fingerabdrücke und Daten, die die Verstrickung Fischers in die linksradikale Szene dokumentierten.[164]

Mitte der achtziger Jahre geriet der Grünen-Politiker aus einem ganz anderen Grund ins Gerede. Zehn hessische Beamte beschwerten sich, Medienberichten zufolge, über Fischers Praxis bei der Vergabe von hoch dotierten Posten. Fischer soll politisch Nahestehende aus anderen Bundesländern bevorzugt haben.[165]

Besonders sparsam zeigte sich Fischer nicht als er zu einer Konferenz nach Durban (RSA) flog, was Schätzungen zufolge 800.000 DM (ca. 400.000 Euro) kostete, da er auf die Flugbereitschaft zurückgriff. Hätte er einen Linienflug genommen, hätte der Flug für ihn und seine fünf Begleiter in der ersten Klasse »nur« 80.000 DM (ca. 40.000 Euro) gekostet.[166]

Wie anderen Parteigenossen, dürfte es Joschka Fischer eher unangenehm gewesen sein, als bekannt wurde, dass es eine Überweisung von Moritz Hunzinger gab mit dem Text »Wahlkampf J. Fischer«. Die Zuwendung betrug 19.999 DM (ca. 9.999 Euro).[167] Hunzinger ist nicht zuletzt wegen seiner Kontakte zur Rüstungsindustrie bekannt.

1999 unterstützte Joschka Fischer maßgeblich die deutsche Beteiligung am völkerrechtlich umstrittenen Kosovokrieg,[168] wodurch erstmals seit dem Zweiten Weltkrieg deutsche Soldaten an einem Krieg beteiligt waren.

Anfang 2005 stand Fischer als verantwortlicher Minister im Mittelpunkt der Visa-Affäre. Am 25. April 2005 räumte er eigene Versäumnisse ein und übernahm die komplette politische Verantwortung.[169]

2005/2006 zog sich Fischer aus der aktiven Politik zurück. Er wurde beratend oder als Lobbyist für *Siemens*, *BMW*[170] und für den Energiekonzern *RWE* tätig.[171]

2006 war Fischer beratend für den *World Jewish Congress* tätig.[172]

2008 wurde Fischer Berater bei *Senior Strategic Counsel*, der *Albright Stonebridge Group*, einer Beraterfirma von Ex-US-Außenministerin Madeleine Albright.[173]

Am 19. Mai 2009 scheiterte Fischer vor dem Bundesgerichtshof (BGH) mit einer Klage gegen die Illustrierte *Bunte*, die ein Foto von Fischers Privatvilla in Berlin-Grunewald abgedruckt hatte.[174]

Joschka Fischer war beim Verfassungsschutz als »*Verfassungsfeind*« registriert.[175]

Verbindungen/weitere Ämter:

Fischer ist Gründungsmitglied und Vorstand des European Council on Foreign Relations, das von dem Milliardär George Soros mitfinanziert wird.[176]

Zitat von Joschka Fischer:

»*Deutsche Helden müsste die Welt, tollwütigen Hunden gleich, einfach totschlagen.*«

Quelle: Pflasterstrand, Frankfurt, 1982, Ausgabe 133, Seiten 12-14

Ein weiteres Zitat von Joschka Fischer:

»*Die Forderung nach der Wiedervereinigung halte ich für eine gefährliche Illusion. Wir sollten das Wiedervereinigungsgebot aus der Präambel des Grundgesetzes streichen.*«

Quelle: Konrad-Adenauer-Stiftung e.V., Europa und die Deutsche Einheit, 2000, Herder-Verlag, Freiburg, ISBN 3451201402, Seite 22 https://www.kas.de/c/document_library/get_file?uuid=eaf7cbcc-4046-80a7-a677-0c594e53ad54&groupId=252038, abgerufen am 11.10.2020

Fischer, Ulrich (11.12.1942-12.07.2020)

1970er	Mitglied des *Sozialistischer Deutscher Studentenbund (SDS)*
1983	Mitglied der Partei DIE GRÜNEN
1983	Wahlkandidat zur Bundestagswahl 1983 auf der hessischen Landesliste DIE GRÜNEN
1986-1987	Mitglied des Deutschen Bundestages für DIE GRÜNEN
1990	Mitglied im BÜNDNIS 90
1991-2003	Referent für Menschenrechte im Deutschen Bundestag
2009	Kandidat zur Landtagswahl in Brandenburg für BÜNDNIS 90/DIE GRÜNEN

1970 wurde Ulrich Fischer wegen einer Beteiligung an einem Brandanschlag auf das Amerika-Haus in Berlin verurteilt. Er verbüßte daraufhin im Gefängnis Moabit eine einjährige Haftstrafe.[177]

Zu seinen Arbeitsschwerpunkten gehörte ein Amnestiegesetz für die inhaftierten *RAF*-Terrorristen.

Frieß, Sieglinde (01.04.1959)

1983-1990	**Mitarbeiterin bei der Fraktion DIE GRÜNEN im Deutschen Bundestag**
1984-1987	**Betriebsrätin der Fraktion DIE GRÜNEN im Deutschen Bundestag**
1989-1990	**Bundestagsabgeordnete für DIE GRÜNEN im Deutschen Bundestag**
Seit 2019	**Stellvertretende Landesbezirksleiterin der Gewerkschaft *ver.di* in Hamburg**

Zitat von Sieglinde Frieß:

»Wir fordern erstens die konsequente Absage an jegliche Großmachtbestrebungen, zweitens die Anerkennung der DDR und der DDR-Staatsbürgerschaft und drittens eine grundsätzlich andere Politik für Immigrantinnen, bzw. Immigranten und Flüchtlinge, um in Zukunft das zu verhindern, was derzeit noch Wahres in dem Zitat von Wolfgang Neuss steckt den ich zum Schluss Zitieren will: "Das Beste. Es läßt mich nicht ruhen: Wie kann ich wirklich was für Europa tun? Und wenn du mich einen Landesverräter nennst - das Beste wäre für Europa, wenn Frankreich bis an die Elbe reicht und Polen direkt an Frankreich grenzt."«

Quelle: Plenarprotokoll des Deutschen Bundestages, 05.09.1989, Seite 11758

Anmerkung: Nur ein geteiltes, bzw. gar kein Deutschland ist demnach ein gutes Deutschland.

Göring-Eckart, Katrin (3.5.1966)

1989	Gründungsmitglied des *Demokratischen Aufbruchs*
Seit 1990	Mitglied BÜNDNIS 90/DIE GRÜNEN
1990-1993	Mitglied im thüringischen Landesvorstand von Bündnis 90
Seit 1998	Mitglied des Deutschen Bundestages für BÜNDNIS90/DIE GRÜNEN
2005-2013	Vizepräsidentin des Deutschen Bundestages
Seit 2015	Vorsitzende der Bundestagsfraktion BÜNDNIS 90/DIE GRÜNEN

Verbindungen/weitere Ämter:
Göring-Eckart war Mitglied bei der *Atlantik-Brücke e.V.*[178]

Zitat von Katrin Göring-Eckart:

»Und Dresden, das ist vor allem die Frauenkirche. Die ist wieder aufgebaut worden, nachdem die Nazis sie zerstört haben. Und das, finde ich, ist das Symbol, an das man heute denken sollte.«

Quelle: ARD Morgenmagazin am 19. Oktober 2015

Anmerkung: Am Vormittag des 15. Februar 1945 - zwei Tage nach dem verheerenden Bombenangriff der britischen »Royal Air Force« auf Dresden - stürzte die ausgebrannte Frauenkirche in sich zusammen. Unwissenheit, oder billige Propaganda einer Politikerin?

Goetjes, Christian (1977)

2009 **Kandidat zur Landtagswahl in Brandenburg für BÜNDNIS90/DIE GRÜNEN**

2009-2011 **Schatzmeister des Landesverbandes Brandenburg bei BÜNDNIS 90/DIE GRÜNEN**

Goetjes wurden 261 Fälle der Untreue mit einer Schadenssumme von rund 270.000 Euro vorgeworfen, die Goetjes als Schatzmeister aus der Kasse der Bündnisgrünen zwischen 2009 und 2011 mitgehen ließ. Wegen Untreue in einem besonders schweren Fall wurde er am 26. November 2012 zu einer Freiheitsstrafe von dreieinhalb Jahren vom Potsdamer Landgericht verurteilt.[179]

Von dem veruntreuten Geld sind nach Feststellungen des Landgerichts Potsdam rund 157.000 Euro für bulgarische Prostituierte ausgegeben worden.[180]

Am 9. Juli2013 hat der 5. Strafsenat des Bundesgerichtshofes unter dem Aktenzeichen BGH 5 StR 181/13 Goetjes Revision als unbegründet verworfen.[181]

Richter Tiemann vom Landgericht Potsdam sagte am zweiten Prozesstag: *»Es gibt Anhaltspunkte, dass der Angeklagte Huren für Haus- und Hotelbesuche vermittelt.«*[182]

Goetjes wurde von einer 22-jährigen bulgarischen Prostituierten angezeigt. Demnach sollte Goetjes sie und fünf andere Frauen über ein Internetportal vermittelt, die Frauen zu ihrer Arbeit als Prostituierte gefahren und die Hälfte der Gage einbehalten haben.[183]

Diesbezüglich ermittelte die Berliner Staatsanwaltschaft, ob sich der frühere Schatzmeister von BÜNDNIS 90/DIE GRÜNEN der Zuhälterei schuldig gemacht hatte. Dieser Vorwurf soll sich jedoch nicht bestätigt haben.[184]

Habeck, Robert (02.09.1969)

Seit 2002	**Mitglied BÜNDNIS 90/DIE GRÜNEN**
2004-2009	**Landesvorsitzender von BÜNDNIS 90/DIE GRÜNEN in Schleswig-Holstein**
2008-2009	**Fraktionsvorsitzender im Kreistag Schleswig-Flensburg für BÜNDNIS 90/DIE GRÜNEN**
2009-2012	**Fraktionsvorsitzender im Landtag in Schleswig-Holstein für BÜNDNIS 90/DIE GRÜNEN**
2009-2018	**Abgeordneter für BÜNDNIS 90/DIE GRÜNEN im Landtag Schleswig-Holstein**
2012-2017	**Stellvertretender Ministerpräsident in Schleswig-Holstein und Minister für Energiewende, Landwirtschaft, Umwelt und ländliche Räume**
Seit 2018	**Parteivorsitzender von BÜNDNIS 90/DIE GRÜNEN**

In der Zeit, als Robert Habeck Landesvorsitzender von BÜNDNIS90/DIE GRÜNEN in Schleswig-Holstein war, brachte der Landesverband ein Programm heraus, in dessen Vorwort 15 *»Stimmen«* von 15 *»Menschen«* namentlich angeführt wurden, dazu noch mit Alter und Beruf versehen. Darin machten die Herausgeber von BÜNDNIS90/DIE GRÜNEN nicht deutlich, dass es sich bei diesen *»Stimmen«* um eine Erfindung handelt. Habeck hatte es überrascht, dass jemand auf die Idee kommen könnte, es seien reale Personen.

Dazu der Bundestagsvizepräsident Wolfgang Kubicki *(FDP)*:

»Wenn Lügen zum Stilmittel in der Politik werden, dann sind die Grenzen definitiv überschritten«, »Was ist das für eine Regierungspartei, die die Zeugen für ihre vermeintlichen Erfolge nach neun Jahren Politik einfach erfindet und damit die Menschen in einer Art und Weise betrügt, die ihresgleichen sucht.« [185]

Zitat von Robert Habeck:

»Patriotismus, Vaterlandsliebe also, fand ich stets zum Kotzen. Ich wusste mit Deutschland nichts anzufangen und weiß es bis heute nicht«

Quelle: Robert Habeck, Patriotismus - Ein Linkes Plädoyer, ISBN 9783579068749, Gütersloher Verlagshaus, 2010

Ein weiteres Zitat von Robert Habeck:

»Es gibt kein Volk, und es gibt deswegen auch keinen Verrat am Volk. Sondern das ist ein böser Satz, um Menschen auszugrenzen und zu stigmatisieren.«

Quelle: Süddeutsche Zeitung, 8. Mai 2018,

https://www.sueddeutsche.de/politik/parteien-es-gibt-kein-volk-habeck-wehrt-sich-gegen-angriffe-dpa.urn-newsml-dpa-com-20090101-180508-99-223101, abgerufen am 08.10.2020

Ein weiteres Zitat von Robert Habeck:

»Wir versuchen, alles zu machen, damit Thüringen ein offenes, freies, liberales, demokratisches Land wird, ein ökologisches Land.«

Quelle: Der Tagespiegel, 6. Januar 2019, https://www.tagesspiegel.de/politik/robert-habeck-gruenen-chef-erntet-spott-fuer-wahlkampf-video-zu-thueringen/23833706.html, Abgerufen am 08.10.2020

Anmerkung: War Thüringen 2019 kein demokratisches Bundesland?

Ein weiteres Zitat von Robert Habeck:

»Endlich gibt es wieder Demokratie in Bayern. Eine Alleinherrschaft wird beendet.«

Quelle: Twitter @RobertHabeck am 12. Oktober 2018, abgelichtet in Neue Zürcher Zeitung, 7. Januar 2019, https://www.nzz.ch/meinung/roberts-wintermaerchen-ld.1449456, abgerufen am 09.10.2020

Anmerkung: War Bayern 2018 kein demokratisches Bundesland?

Häfner, Gerald (03.11.1956)

1979/1980	Mitbegründer der Partei DIE GRÜNEN
1979-1980	Kreisvorsitzender DIE GRÜNEN in München
1980-1981	Geschäftsführer und Pressesprecher des Landesverbandes DIE GRÜNEN in Bayern
1987-1990	Mitglied des Deutschen Bundestages für DIE GRÜNEN
1991-1994	Landesvorsitzender BÜNDNIS 90/DIE GRÜNEN in Bayern
1994-1998	Mitglied des Deutschen Bundestages für BÜNDNIS 90/DIE GRÜNEN
2001-2002	Mitglied des Deutschen Bundestages für BÜNDNIS 90/DIE GRÜNEN
Seit 2009	Abgeordneter im Europäischen Parlament für BÜNDNIS 90/DIE GRÜNEN

In einem Gerichtsverfahren im Jahr 1998 - Häfner klagte gegen einen Polizisten wegen Körperverletzung - tauchten während des Verfahrens alte Akten auf, woraus hervorging, dass gegen Gerald Häfner in den Jahren 1989 bis 1994 drei (lt. *Handelsblatt* zwei[186]) Anzeigen wegen Ladendiebstahls liefen. Laut den bayerischen Grünen seien diese Informationen illegal beschafft worden.

Häfner: *»Ich leugne nichts und räume mein in der Tat kritikwürdiges Fehlverhalten in aller Deutlichkeit ein«* [187]

Heinrich, Brigitte (29.06.1941-29.12.1987)

1966/67	**Pressesprecherin des *Sozialistischen Deutschen Studentenbundes (SDS)***
Ab 1980	**Journalistin bei der Berliner Tageszeitung *taz***
1983-1987	**Mitglied der Partei DIE GRÜNEN**
984-1987	**Europaabgeordnete der Grünen**

Am 26. November 1974 wurde Heinrich bei einer bundesweiten Razzia gegen *RAF*-Anhänger verhaftet. Die Razzia erfolgte nach der Ermordung des Berliner Kammergerichtspräsidenten Günter von Drenkmann durch Terroristen der *Bewegung 2. Juni* kurz nach dem Tod des *RAF*-Mitglieds Holger Meins. Nach mehreren Monaten wurde sie, inzwischen schwer erkrankt, vor dem zweiten Haftprüfungstermin wieder freigelassen und das Verfahren eingestellt.[188]

1980, also vier Jahre vor ihrem Einzug ins Europaparlament als Abgeordnete der Grünen, wurde sie wegen Waffenschmuggels zu einer Freiheitsstrafe von einem Jahr und neun Monaten verurteilt.[189] Diese Strafe verbüßte sie ab Ende 1983 im offenen Vollzug. Sie zog 1984 als vorbestrafte Waffenschmugglerin für die Grünen ins Europaparlament ein.

1982 wurde Brigitte Heinrich von der Abteilung XXII des Ministeriums für Staatssicherheit (MfS/Stasi) angeworben. Empfohlen wurde sie von ihrem Lebensgefährten Klaus Croissant, der selbst unter dem Decknamen »Taler« für das Ministerium tätig war. Bei einem ersten Treffen mit den Stasi-Beamten erklärte sich Brigitte Heinrich zur weiteren Zusammenarbeit bereit. Ihr bereitete es keinerlei Probleme, Einschätzungen und Informationen über die linke Szene der BRD zu liefern. Begrüßt wurden auch die Berichte, die sie über das Innenleben der *taz* lieferte. Diese Zeitung hatte sich mit Solidaritätsbekundungen und Spendenaufrufen für sie eingesetzt, nachdem sie 1980 wegen Vergehens gegen das Sprengstoffgesetz zu 21 Monaten Gefängnis verurteilt wurde. Von den Grünen wurde sie 1984 auf die Kandidatenliste für das Europaparlament gesetzt. Das *MfS* war über diese Entwicklung höchst erfreut und bestärkte sie, sich auf dieses Amt einzulassen, um so auch die Partei DIE GRÜNEN auszuspionieren. Tatsächlich wurde sie in das Parlament gewählt, sodass für sie nunmehr auch die Abteilung II der *HVA* zuständig war. Klaus Croissant wurde zu ihrem Fraktionsmitarbeiter. Während einem als Urlaubsreise getarnten Aufenthalt nahm die *Inoffizielle Mitarbeiterin (IM)* unter dem Decknamen »*Beate Schäfer*« an einer Schulung teil, die sie auf ihre neuen Aufgaben vorbereiten sollte. Vom Ministerium wurde angestrebt, sie künftig auch in Ämter der Partei in Bonn einzuschleusen. Besonders wichtig waren Informationen von Grünen-Funktionären, die der DDR gegenüber eine eher skeptische Haltung vertraten. In ihrer Arbeit als Abgeordnete wurde Heinrich regelrecht von ihren *Stasi*-Vorgesetzten bevormundet. Im weiteren Verlauf erhoffte sich das Ministerium Informationen über die *SPD* zu erlangen, so wurde die Informantin auch auf diese Partei angesetzt.[190] Den Plan »Beate Schäfer« in den Bundestag einzuschleusen, konnte die Stasi nicht mehr realisieren, da Brigitte Heinrich unerwartet im Alter von 46 Jahren an einem Herzinfarkt verstarb.

Hofreiter, Anton (2.02.1970)

Seit 1986	**Mitglied der Partei DIE GRÜNEN**
Seit 2005	**Mitglied des Deutschen Bundestages für BÜNDNIS 90/DIE GRÜNEN**
2011-2013	**Vorsitzender des Ausschusses für Verkehr, Bau und Stadtentwicklung**
Seit 2013	**Vorsitzender der Bundestagsfraktion BÜNDNIS 90/DIE GRÜNEN**

Auf Anfrage einer Zeitung gab Hofreiter im Mai 2014 zu, jahrelang keine Steuer für seine Zweitwohnung in Berlin gezahlt zu haben. Hofreiter zog 2005 für die Fraktion BÜNDNIS 90/DIE GRÜNEN in den Bundestag ein, er hätte damals binnen zwei Wochen seine Zweitwohnung beim Einwohnermeldeamt angeben müssen, dies tat er nicht. Hofreiter sprach von einem *»folgenreichen Fehler«*: Er habe 2005 bei der Anmietung des Apartments versäumt, dies als Zweitwohnung zu melden. Hofreiter weiter, er habe *»die Anmeldung dann einfach aus den Augen verloren«*.

Er hätte laut kommunaler Abgabenordnung fünf Prozent der Miete abführen müssen. Er habe *»2.475 Euro für den gesamten Zeitraum nachgezahlt«*.[191]

Der Fall ging jedoch weiter an die Staatsanwaltschaft, die ein mögliches Verfahren eingestellt haben dürfte.

Offen bleibt die Frage, ob ein solch vergesslicher Politiker als Abgeordneter tragbar ist.

Jelpke, Ulla (9.6.1951)

1971	Mitbegründerin des *Kommunistischen Bundes (KB)*,
1981-1989	Grünen-Abgeordnete in der Bürgerschaft Hamburg
1990-2002	Mitglied des Deutschen Bundestages als parteilose Abgeordnete
2002-2005	Abgeordnete für die *Grün-Alternative-Liste (GAL)* in der Hamburgischen Bürgerschaft
Seit 2005	Mitglied der *PDS/Die Linke* und Mitglied des Deutschen Bundestages für die *PDS/Die Linke*
	Jelpke ist Mitglied im Verein *Rote Hilfe*

1996 ist Ulla Jelpke mit Drogen im Gepäck auf dem Flughafen *Brisbane* in Australien erwischt worden. Sie musste dafür 1.200 DM (ca. 600 Euro) Geldstrafe zahlen.[192]

Die *PDS*-Abgeordnete Ulla Jelpke soll im März 2000 über ein dienstliches Gratis-Flugmeilen-Konto in Begleitung von Berlin nach Las Palmas geflogen sein. Sie beteuerte hingegen, ihre Lufthansa-Karte auch privat zu nutzen und somit auch private Bonusmeilen zu haben.[193]

Außerdem fiel Jelpke auf, als sie 2001 eine Demonstration in Leipzig mit dem Motto »*Deutschland den Krieg erklären*« anmeldete.[194]

Die Ansichten der Abgeordneten Jelpke wurden besonders deutlich, als sie für die PDS/Die Linke aktiv wurde:

2007 setzte sich Jelpke für die Freilassung der *RAF*-Terroristen, u.a. für Christian Klar, ein.[195]

2010 hat sie ehemalige Agenten der Stasi der DDR-Diktatur für ihren »*mutigen Einsatz für den Frieden*« gedankt und kritisierte die »*Dämonisierung der Stasi*«.[196]

2019 war es für Jelpke eine »*Dreckskampagne*«, dass die Berliner Polizei verstärkt gegen mutmaßliche Aktivitäten der organisierten Kriminalität im Milieu arabischer Großfamilien vorgehen wollte. Sie beschuldigte die Politik einer rassistischen Motivation.[197]

Ulla Jelpke wurde seit 2000 vom Verfassungsschutz beobachtet.[198]

Karst, Fred (1929-1999)

Seit 1983	Mitglied in der *Alternativen Liste für Demokratie und Umweltschutz*
Sept. 1992	Gründer der *AG Jung und Alt*

Während seines Eintritts in die *Alternative Liste für Demokratie und Umweltschutz* im Jahr 1983 war Fred Karst bereits seit 1980 Häftling der Justizvollzuganstalt Berlin-Tegel[199] und saß dort fünf Jahre wegen *sexuellen Missbrauchs* ein.[200]

1986-1989 war er erneut wegen *sexuellen Missbrauchs* in Haft.[201] In der *AG-Knast* setzte er sich für die Interessen inhaftierter Sexualstraftäter ein.[202]

1993 beantragte Karst bei den Grünen Fördergelder, um im Berliner Stadtteil Prenzlauer Berg, eine Wohnung zu mieten. In dieser Wohnung wollte Karst *»Hausaufgabenhilfe«* anbieten.[203]

Am 4. Februar 1995 wurde Karst ein weiteres Mal verurteilt, diesmal zu zwei Jahren Haft, weil er einen achtjährigen Jungen missbraucht hatte. Dieses Urteil war dem Landesverband der Grünen bekannt und sie planten ein Parteiausschlussverfahren. Karst trat jedoch vorher aus der Partei aus.[204] Auch nach dem Prozess gegen Karst und dem Bekanntwerden seines Vergehens gab es bei den Berliner Grünen keine wirkliche Auseinandersetzung mit dem Thema.

Der BÜNDNIS 90/DIE GRÜNEN-Politiker und ehemaliger Abgeordnete des Berliner Senats, Thomas Birk, gestand 2015 ein, dass er Fred Karst vor seiner Verurteilung 1995 einmal in seiner Wohnung besucht hatte. Dort sah er Bilder von nackten Knaben an der Wand. Über das, was er gesehen hatte, schwieg er allerdings. Birk wörtlich:

»Ich war noch im Herbst 1994 bei diesem Mann zu Hause und verließ nach wenigen Minuten geschockt von den vielen Nacktportraits von Pfadfindern, die Wohnung, ohne weitere Schritte gegen ihn einzuleiten.«[205]

Erst 2015 setzten sich BÜNDNIS 90/DIE GRÜNEN intensiver mit dem Thema auseinander. Ein Opfer des sexuellen Missbrauchs durch ein Mitglied der Grünen, Ingo F. [Name dem Autor bekannt], wirft den Grünen Verharmlosung vor, bezeichnet die Aufarbeitung als »glatten

Hohn« und fordert sie auf einzugestehen, dass eine entsprechende Ideologie gefördert wurde. »*Die Lebenslüge der Grünen*« sei, dass sie ihre Rolle bis heute banalisieren.[206]

Klöpper, Gerald (ca. 1954)

1980	**Funktion eines Fraktions-Assistenten der *Alternativen Liste* im Berlin**
1981	**Kandidat der *Alternativen Liste* für die Bezirksverordnetenversammlung Berlin-Tiergarten**

Ein Kommando der linken Terrororganisation *Bewegung 2. Juni* entführte am 27. Februar 1975 mitten im Berliner Wahlkampf Peter Lorenz, den Spitzen-Kandidaten der *CDU*. Im Austausch gegen Lorenz gelang es ihnen einige linke Terroristen frei zu erpressen.[207]

Klöpper wurde am 28. April 1975 verhaftet und am 10.04.1978 begann der Prozess gegen ihn und seine Mitangeklagten.

Am 13. Oktober 1980 verurteilte das Oberlandesgericht Berlin die an der Lorenz-Entführung Beteiligten Ralf Reinders, Ronald Fritzsch, Gerald Klöpper, Andreas Vogel und Till Meyer zu mehrjährigen Haftstrafen. Gerald Klöpper wurde zu einer Haftstrafe von elf Jahren und zwei Monaten verurteilt. Der zweite Anklagepunkt, der Mord an den Kammergerichtspräsidenten von Drenkmann, konnte ihm nicht nachgewiesen werden.[208]

Wie die Berliner Justizstelle im Oktober 1982 mitteilte, wurde die Vollstreckung der im Oktober 1980 verhängten Strafe (elf Jahre und zwei Monate Haft) auf fünf Jahre zur Bewährung ausgesetzt.

Gerald Klöpper übte seit diesem Zeitpunkt die Funktion eines Fraktions-Assistenten der *Alternativen Liste* in Berlin-Tiergarten aus. Seine Kandidatur bei den Senatswahlen 1980 scheiterte an rechtlichen Bestimmungen.[209]

Gerald Klöpper kandidierte - ohne Erfolg - 1981 für die *Alternative Liste* für die Bezirksverordnetenversammlung Berlin-Tiergarten.

Gerald Klöpper wurde 1982 aus der Haft entlassen.[210]

Kretschmann, Winfried (17.05.1948)

1972	Kandidat für die *Kommunistische Studentengruppe/Marxisten-Leninisten* zum Studentenkonvent
1973	Kandidat für die Plattform der *Kommunistischen Hochschulgruppe* des *Kommunistischen Bundes Westdeutschlands*
1973-1975	Mitglied im *KBW*
1979/1980	Mitbegründer der Grünen Baden-Württemberg
1980-1984	Abgeordneter für die Grünen im Landtag Baden-Württemberg
1983-1984	Vorsitzender der grünen Landtagsfraktion
1988-1992	Abgeordneter für DIE GRÜNEN im Landtag Baden-Württemberg
1996-	Abgeordneter für BÜNDNIS 90/DIE GRÜNEN im Landtag Baden-Württemberg
2002-2011	Vorsitzender der grünen Landtagsfraktion
Seit 2011	Ministerpräsident von Baden-Württemberg

Als Student war auch Winfried Kretschmann ein strammer Kommunist: Er war beim *Kommunistischen Bund Westdeutschland (KBW)* organisiert.[211]

Als Helden dienten dem *KBW* Staatsverbrecher wie Mao, Ugandas Idi Amin und der Massenmörder Pol Pot, der in Kambodscha bis zu zwei Millionen Menschenleben auf dem Gewissen hat.[212] Somit wurde Kretschmann der erste ex-maoistische Ministerpräsident in der Geschichte der Bundesrepublik Deutschland.

In den 1970er Jahren wurde Winfried Kretschmann vom Verfassungsschutz beobachtet.[213]

Künast, Renate (15.12.1955)

Seit 1979	Mitglied der Westberliner *Alternativen Liste*
1989-1990	Fraktionsvorsitzende von DIE GRÜNEN
1989-2000	Mitglied des Abgeordnetenhauses Berlin
1998-2000	Fraktionsvorsitzende von BÜNDNIS 90/DIE GRÜNEN
2000-2001	Bundesvorsitzende von BÜNDNIS 90/DIE GRÜNEN
2001-2005	Bundesministerin für Verbraucherschutz, Ernährung und Landwirtschaft
Seit 2001	Mitglied des Deutschen Bundestages für BÜNDNIS 90/DIE GRÜNEN
2005-2013	Vorsitzende der Bundestagsfraktion BÜNDNIS 90/DIE GRÜNEN
2014-2018	Vorsitzende des Rechtsausschusses des Bundestages

Die Ministerin für Verbraucherschutz, Ernährung und Landwirtschaft befand sich im Oktober 2003 auf einer Reise in Brasilien, als sie eine Maschine der Flugbereitschaft vom Typ *Challenger* aus Deutschland anforderte. Diese Maschinen werden normalerweise nur für Kurzstreckenflüge genutzt. Als sich die Maschine schon auf halber Strekke befand, wurde sie wieder abbestellt und musste zurück nach Deutschland fliegen. Der Bundesrechnungshof rechnete einen Schaden für den Steuerzahler von 96.000 Euro aus.[214]

Der Aufruf von Grünen-Fraktionschefin Renate Künast im Jahr 2010, umweltfreundliche Hybrid-Autos des japanischen Herstellers *Toyota* zu kaufen, ist bei weiten Teilen der Bevölkerung auf Kritik gestoßen.[215] Der Aufruf ist für die derzeitige niederliegende deutsche Automobilindustrie ein Schlag ins Gesicht gewesen. Es ist sicherlich ein falscher Weg, als Bundesministerin medienwirksam Werbung für ein ausländisches Unternehmen zu machen.

Laut *Berliner Zeitung* fuhr Künast während ihrer Amtszeit als Bundesverbraucherministerin selbst einen Audi A8 TDI. Das Auto habe zwar einen Dieselrußfilter gehabt, sei aber mit 326 PS nicht besonders umweltschonend ausgestattet gewesen.[216]

Künast forderte eine »*Einbürgerung*« des Islams in Deutschland.[217] In der Sendung *Menschen bei Maischberger* empfahl Künast der Polizistin Tania Kambouri bei Polizeieinsätzen in Moscheen die Schuhe auszuziehen, nachdem diese ihre Erfahrungen mit der steigenden Gewaltbereitschaft von muslimischen Immigranten geschildert hatte.[218]

Seit Ende der 1970er Jahre stand sie für einige Jahre unter Beobachtung des Verfassungsschutzes.[219]

Zitat von Renate Künast:

»Ich bin es, ehrlich gesagt, leid, dass wir seit Jahrzehnten dafür kämpfen, dass NGOs und Antifagruppen, die sich engagieren, nicht immer um ihr Geld ringen müssen und nur auf ein Jahr befristete Arbeitsverträge abschließen können.«

> Quelle: Internetseite grüne-bundestag.de, Rechtsextremismus und Hasskriminalität
> https://www.gruene-bundestag.de/parlament/bundestagsreden/rechtsextremismus-und-hasskriminalitaet

Antwort von Bettina Röhl, der Tochter von Ulrike Meinhof *(RAF)*:

»Der militanten Antifa fehlen im Vergleich zur RAF nur die prominenten Gesichter. Sie pflegt aus Feigheit die Praxis, ihre Gesichter zu vermummen und ihre Namen geheim zu halten. Was sich oft Antifa nennt, droht ununterbrochen mit Gewalt und Anschlägen etwa gegen Politiker oder Polizisten, sie steht für sinnlose Sachbeschädigungen in enormer Höhe. Gleichwohl monierte die ehemalige Bundesministerin Renate Künast (Grüne) jüngst im Bundestag [... Zitat siehe oben ...] *Dafür gab es Beifall von Bündnis 90 / Die Grünen, von der Linken und von Abgeordneten der SPD. Man darf die Frage stellen, ob die Antifa so etwas ist wie eine verbeamtete RAF, eine Terrorgruppe mit Geld vom Staat unter dem Deckmantel „Kampf gegen rechts“.«*

> Quelle: Neue Zürcher Zeitung, Die RAF ist tot. Es lebe die Antifa?, 02.06.2020, https://www.nzz.ch/meinung/die-raf-ist-tot-es-lebe-die-antifa-ld.1558667, abgerufen am 21.12.2020

Dieter Kunzelmann (14.07.1939-09.05.2018)

1967	**Mitbegründer der *Kommune 1 (K1)***
1969	**Gründer und Kopf der linksterroristischen Gruppierung *Tupamaros* West-Berlin.**
1969	**Militärische Kurzausbildung (inkl. zum Bau von Bomben) bei der PLO in Jordanien.**
1975	**Kandidat der kommunistischen Partei *KPD-AO***
1978	**Mitbegründer der *Alternativen Liste***
1983-1985	**Abgeordneter der *Alternativen Liste* und anschließend Archivar in der Anwaltskanzlei des späteren Bundestagsabgeordneten der Grünen, Hans-Christian Ströbele**

Am 8. November 1969 wurde der Versuch unternommen,ein Bombenanschlag auf das Jüdische Gemeindehaus in Berlin zu verüben - Die Bombe zündete allerdings nicht - zu dem sich die linksradikale Gruppe Tupamaros West-Berlin bekannte, als deren Kopf Kunzelmann galt.[220] Kunzelmann soll laut Bommi Baumann (Mitbegründer der linken Terrororganisation *Bewegung 2. Juni*) die Idee zu diesem Anschlag gehabt haben.[221]

1970 wurde Kunzelmann wegen eines Brand-Anschlages auf das Haus des damaligen Chefredakteurs der *Berliner Zeitung* verhaftet.[222]

Der Mitbegründer der Alternativen Liste und Ex-Kommunarde wurde 1971 wegen versuchten Mordes und fortgesetzter Urkundenfälschung zu neun Jahren Freiheitsstrafe verurteilt. 1973 hob der Bundesgerichtshof das Urteil auf und Kunzelmann wurde lediglich wegen Urkundenfälschung verurteilt.[223]

1987 wurde Kunzelmann wegen Verunglimpfung des Staates per Haftbefehl gesucht und später in Berlin-Moabit verhaftet.[224]

1998 inszenierte er seinen eigenen Tod, indem er einen Bekannten eine Todesanzeige in der Zeitung aufgeben ließ. Selbst sein Anwalt Christian Ströbele wusste zu diesem Zeitpunkt nicht, wo sich sein Mandant aufhielt. Möglicherweise hat er sich abgesetzt, um einer fünfmonatigen Haftstrafe und einer Ordnungsstrafe zu entgehen. Diese waren gegen ihn verhängt worden, weil er das Auto des Regierenden Bürgermeisters von Berlin, Eberhard Diepgen *(CDU)* angegriffen hatte.[225]

Kunzelmann war in der *Roten Hilfe* aktiv. Insgesamt soll es rund 40 Ermittlungsverfahren gegen ihn gegeben haben.[226]

Lichdi, Johannes (09.02.1964)

1993-1994	Mitabeiter der Landtagsfraktion BÜNDNIS 90/DIE GRÜNEN im Sächsischen Landtag
Seit 1995	Mitglied bei BÜNDNIS 90/DIE GRÜNEN
1995-1999	Mitglied im Vorstand des Kreisverbandes Dresden von BÜNDNIS 90/DIE GRÜNEN
2001-2003	Mitglied des Landesvorstandes Sachsen von BÜNDNIS 90/DIE GRÜNEN
2004-2009	Mitglied im Stadtrat Dresden für BÜNDNIS 90/DIE GRÜNEN
2004-2014	Mitglied im Sächsischen Landtag für BÜNDNIS 90/DIE GRÜNEN
2014	Mitglied im Stadtrat Dresden für BÜNDNIS 90/DIE GRÜNEN

Johannes Lichdi wurde am 7. April 2014 wegen des Störens von Demonstrationen schuldig gesprochen und vom Amtsgericht Dresden zu einer Geldstrafe in Höhe von 1500 Euro verurteilt (AZ.: 217 Cs 205 Js 7534/12). Die Revision gegen das Urteil wurde als offensichtlich unbegründet vom Oberlandesgericht verworfen (Az.: 3 OLG 23 Ss 404/14). Auch eine Verfassungsbeschwerde (AZ.: Vf98-IV-14) wurde vom Sächsischen Verfassungsgerichtshof am 28. September 2015 als unzulässig verworfen.

Lichdi wurde vorgeworfen wegen seiner Teilnahme an einer Blockade am 19. Februar 2011 gegen das Versammlungsgesetz verstoßen zu haben. Lichdi habe bewusst eine Demonstration politisch Oppositioneller durch Teilnahme an einer Blockade gestört, bis diese Demonstration abgesagt werden musste.[227]

Lucha, Manfred (13.03.1961)

Seit 1979	Mitglied der Grünen
1998-2000	Mitglied des Landesvorstandes der Grünen in Baden-Württemberg
1990 + 1998	Kandidat zur Bundestagswahl für DIE GRÜNEN
1994-2016	Im Gemeinderat von Ravensburg
Seit 2007	Erneut im Landesvorstand von BÜNDNIS 90/ DIE GRÜNEN in Baden-Württemberg
Seit 2011	Mitglied des Landtags Baden-Würrtemberg
Seit 2016	Minister für Soziales und Integration in Baden-Württemberg
Seit 2016	Stellvertretendes Mitglied des Deutschen Bundesrates
Seit 2017	Mitglied des Landesvorstandes von BÜNDNIS 90/DIE GRÜNEN in Baden-Württemberg

Im September 2020 hat die Staatsanwaltschaft Stuttgart ihre Ermittlungen gegen Manfred Lucha (BÜNDNIS 90/DIE GRÜNEN) eingestellt mit der Auflage 2.500 Euro an eine wohltätige Organisation zu zahlen.

Die Staatsanwaltschaft Stuttgart ermittelte gegen Lucha wegen des Verdachts der Vorteilsnahme. Sie hatte geprüft, inwieweit zwei Abendessen in Verbindung mit der möglichen Verlängerung eines vom Sozialministerium finanziell mit 180.000 Euro geförderten Projektes einer Stiftung standen. Beide Abendessen wurden dem beschuldigten Grünen-Politiker von Christoph Sonntag von der betroffenen *Christoph Sonntag Stiftung* bezahlt.[228]

Meer, Hermann

1970er	**Mitglied der *CDU*, Mitglied des Rates der Stadt Wanne-Eickel, *CDU*-Kandidat bei der Landtagswahl in NRW**
Ab 1980	**Mitglied des Landesvorstandes DIE GRÜNEN in NRW mindestens bis 1985** **Leiter der *Emmaus-Gemeinschaft* in Kamp-Lintfort (Dachsberg)**

Hermann Meer war Chef der *Emmaus-Gemeinschaft* in Kamp-Lintfort (Dachsberg) und zugleich im Landesvorstand der Grünen in NRW.[229] In der *Emmaus-Kommune* sollen mehreren Berichten und Zeugen zufolge minderjährige Jungen und Mädchen missbraucht worden sein.

Zeitweise lebten 25 Personen, darunter 10 Kinder, in dieser Kommune in Kamp-Lintfort. Das Haus der Gemeinschaft unter der Leitung des NRW-Landesvorstandsmitglieds der Grünen lag abseits, mitten im Wald.[230] Prominente Grünen-Politiker sollen die Lebensgemeinschaft auf dem Dachsberg besucht haben. Welche konnte bisher nicht ermittelt werden. Am 24. und 25. September 1983 richteten DIE GRÜNEN - angeblich vom Parteivorstand finanziert - einen Kongress unter dem Motto »*Sex und Kinder*« auf dem Dachsberg aus. Sex mit Kindern war das zentrale Thema. Am 27. Oktober 1983 übertrug der *Westdeutsche Rundfunk* eine dreistündige Liveübertragung in der Sendung *Hallo-Ü-Wagen* vom Dachsberg.[231]

Einige mutige Opfer berichten später über die Vorkommnisse in der Kommune. Anselm R. [Name dem Autor bekannt], der fünf Jahre lang mit seiner Mutter in der Kommune lebte:

»Ich erfuhr erst später, dass Meer wohl mit einigen Kindern aus der Lebensgemeinschaft Sex hatte. Ich weiß von mindestens zwei, wahrscheinlich drei Jungs. Sie bezeichneten es als sexuelle Übergriffe. Das war keine liebevolle Freiwilligkeit, wie das dargestellt wurde.«[232]

Auch Matthias G. [Name dem Autor bekannt] öffnete sich:

»Die Übergriffe haben regelmäßig stattgefunden, manchmal täglich. Insgesamt bin ich von ein paar Männern angegrapscht worden ... vielleicht zehn. Die meisten waren Tagungsgäste.«[233]

Außerdem berichtet Matthias G. von einem weiteren erwachsenen Mitbewohner:

»Er wurde polizeilich gesucht und versteckte sich auf dem Dachsberg. Wenn er rausging, setzte er sich eine blonde Perücke auf. Damit er nicht erkannt wurde. Seine Pädophilie war aktenkundig geworden, außerdem war er ein RAF-Sympathisant. Er lud mich häufig zu sich aufs Zimmer.«[234]

Über Hermann Meer:

»Dann ... das erste Mal ... Er saß unten im Keller am Schreibtisch. Er fummelte zwischen meinen Beinen rum und machte meinen Hosenschlitz auf. Ich machte erstmal gar nichts weiter. Ich war irritiert, sicher. Ich hoffte nur, dass es keiner gesehen hat. Ich war 12 oder 13 Jahre. Mir hat man damals eingeredet, ich könnte alles selbst entscheiden mit zwölf Jahren. Das endete natürlich komplett im Chaos. Ich war total überfordert.«[235]

Die Opfer vom Dachsberg sollen nicht nur Jungen gewesen sein. Jungen, die unter Meer gelitten haben, sollen sich wiederum an einem kleinen Mädchen (10 Jahre alt) aus der Wohngemeinschaft vergriffen haben.[236]

Zu dem Kongress »*Sex und Kinder*« auf dem Dachsberg äußerte sich Anselm R.:

»Es war auf dem Kongress eine völlig offene Diskussion mit den Pädophilie-Befürwortern, bei denen die „Stadtindianer“ die aggressive Speerspitze bildeten, die aber eine große Zahl von Interstützern hatten. Die Hauptforderung war, sexuellen Verkehr ab dem Alter von sechs Jahren grundsätzlich freizugeben, sofern der Sex in Übereinkunft stattfindet. Sechs oder acht Jahre, das war auf jeden Fall eine einstellige Zahl.«[237]

Die grüne Arbeitsgruppe *Schwule, Päderasten und Transsexuelle (Schwup)* erstellte ein Diskussionspapier, das die Abschaffung des Sexualstrafrechts forderte. Die Kernforderung des Papiers, die Streichung des Paragrafen 176 StGB, beschloss dann der NRW-Landesverband der Grünen. Am 10. März 1985 wurde diese Forderung in das Wahlprogramm der Grünen in NRW aufgenommen.[238] Auf dem Sonderparteitag der NRW-Grünen am 30. März 1985 in Bad Godesberg verteidigte Hermann Meer seine Haltung zu Sex mit Kindern. Dieses Auftreten auf dem Parteitag belegt, dass Meer auch 1985 aktives Mitglied in der Partei DIE GRÜNEN war.[239]

Das Kommunalwahlprogramm der Alternativen-Grünen-Initiativen-Liste (AGIL) in Göttingen forderte bereits 1981 eine strafrechtliche Freistellung von sexuellen Handlungen zwischen Kindern und Erwachsenen, die ohne Anwendung und Androhung von Gewalt zustande kamen. Verantwortlich für die Veröffentlichung im Sinne des Pressegesetzes war der heutige Bundestagsabgeordnete für BÜNDNIS 90/DIE GRÜNEN, Jürgen Trittin.[240]

Zum Thema, wie aufrichtig es BÜNDNIS 90/DIE GRÜNEN mit der Bewältigung ihrer eigenen Parteigeschichte nehmen und was in höchsten Parteikreisen gewusst worden sein musste, urteilt das Opfer Anselm R.:

»Hier geschieht genau das, was Grüne bei anderen gerne anprangern. Es wird immer genau so viel eingeräumt, wie anhand der Faktenlage nicht mehr zu leugnen ist. Dann gibt es ein paar Betroffenheitsbekundungen, die aber immer darauf hinauslaufen: Wir haben damit ja eigentlich nichts zu tun. Das waren andere und wir hatten ja keine Ahnung.«[241]

Zu dem Wissen innerhalb der Partei DIE GRÜNEN:

»Da Hermann Meer jedoch zum damaligen NRW-Führungskreis der Grünen gehörte und zudem sehr offensiv, um nicht zu sagen missionarisch, mit dem Thema Sex mit Kindern unterwegs war, halte ich es für vollkommen unplausibel, dass von den Grünen, die damals schon in verantwortlicher Position aktiv waren, niemand gewusst haben will, dass es sich nicht um theoretische Überlegungen und Parteitagsdiskussionen handelte, sondern um konkretes Handeln, um einen täglich praktizierten Lebensstil. Jeder, der Hermann Meer auch nur ein wenig kannte, wusste, dass er und zahlreiche Menschen in seinem Umfeld Sex mit Kindern hatten. Das wurde entweder toleriert oder sogar ausdrücklich gutgeheißen.«[242]

War Dachsberg ein Ausnahmefall?

»Nein, das scheint mir wenig plausibel. In mindestens fünf Landesverbänden der Grünen hatten die Pädophilen eine so starke Stimme, dass ihre Forderungen Eingang in Diskussionen und Beschlüsse gefun-

den haben. Nun einfach anzunehmen, das seien alles nur Theoretiker gewesen, die die Neigungen für die sie kämpften, nicht auch im eigenen Leben auslebten, ist bestenfalls naiv und schlimmstenfalls verlogen. Aber genau so versucht man ja nun zu argumentieren.«[243]

Hermann Meer war offensichtlich ein Streiter für eine homosexuelle Gesellschaft und lehnte anscheinend unsere überwiegend heterosexuelle Gesellschaft ab, die er als Zwangsheterosexualität bezeichnet. Hermann Meer am 07.Juni 1991 in einem Leserbrief an die Tageszeitung *taz*:

In einer ausreichend homoerotisch orientierten Gesellschaft würde sich das Thema Abtreibung, wie auch das Thema der sexuell motivierten Gewalt gegen Frauen von selbst erledigen.

»*Geradezu absurd ist es, welche ungeheuren psychischen und technischen Energien und finanziellen Mittel aufgewandt werden, nur um eine längst unsinnig gewordene Form der Sexualität aufrecht erhalten zu koennen: Waggonladungen empfaengnisverhuetender Mittel werden jedes Jahr von der pharmazeutischen Industrie vorwiegend in Frauen hineingepumpt, gesundheitliche Folgeschäden werden in Kauf genommen, ja, erst gar nicht diskutiert, und nun soll gar noch zur letzten Absicherung des heterosexuellen Wahnsinns ein "flächendeckendes Netz ambulanter Abtreibungskliniken" her.*«[244]

Aus dem Entschluss des Arbeitskreises »*Kinder und Jugendliche*« der Grünen in Baden-Württemberg vom April 1985 heißt es:

»*Einvernehmliche sexuelle Beziehungen zwischen Erwachsenen und Kindern müssen straffrei sein*« ... »*Da Kinder Menschen sind, hat niemand das Recht, sich unter welchem Vorwand auch immer über ihre Rechte auf Selbstbestimmung und persönliches Glück hinwegzusetzen.*«[245]

Mutlu, Özcan (10.01.1968)

1990	**Mitglied bei BÜNDNIS 90/DIE GRÜNEN**
1992-1999	**Mitglied der Bezirksverordneten-versammlung des Bezirks Kreuzberg**
1999-2013	**Mitglied des Berliner Abgeordnetenhauses für BÜNDNIS 90/DIE GRÜNEN**
2009	**Erfolglose Kandidatur für den Deutschen Bundestag**
2013-2017	**Mitglied des deutschen Bundestages für BÜNDNIS 90/DIE GRÜNEN**

Der Grünen-Abgeordnete Özcan Mutlu wurde im Jahre 2001 zu einer Geldstrafe von 2.000 Euro verurteilt. Er wollte auf dem Schulhof einer Grundschule parken, weil dort eine Veranstaltung mit dem Bundespräsidenten stattfand. Als ein Polizist versuchte, ihn daran zu hindern, soll Mutlu den Polizisten mehrmals geduzt haben. Außerdem behauptet der Beamte, der Grünen-Politiker habe sich abfällig über seine Haarfarbe geäußert und sich den Anweisungen widersetzt. Die Richterin nannte das Duzen eine Herabwürdigung. Dabei belassen wollte es Mutlu offensichtlich nicht und kündigte Berufung an.[246] Im Jahr 2004 wurde Mutlu vom Landgericht Berlin freigesprochen. Damit wollte sich die Staatsanwaltschaft nicht zufriedengeben und legte erneut Berufung gegen den Freispruch ein.[247]

2016 rief Özcan Mutlu das Medieninteresse hervor, als er einen Kosmetiksalon in Berlin kaufte und unmittelbar die Miete für den Mieter verdoppelte.[248] Grüne Mietpolitik?

Nachtwei, Winfried (15.04.1946)

1970er	Mitglied des *Kommunistischen Bundes Westdeutschland (KBW)*
	Gründungsmitglied der *GAL/GRÜNEN* in Münster
1994-2009	Mitglied des Bundestages für **BÜNDNIS 90/ DIE GRÜNEN**
2002-2005	Stellvertretender Vorsitzender der Bundestagsfraktion **BÜNDNIS 90/DIE GRÜNEN**

Der Bundestagsabgeordnete Winfried Nachtwei (BÜNDNIS 90/DIE GRÜNEN) war in den 1970er Jahren für den *Kommunistischen Bund Westdeutschlands (KBW)* aktiv.[249]

2008 machte Nachtwei deutlich, was passiert wäre, wenn diese damaligen K-Gruppen an die Macht gekommen wären: »*Das wäre eine Diktatur geworden.*«[250]

Aus dem Programm des *KBW* von 1973: »*Solange die Bourgeoisie über bewaffnete Formationen zur Verteidigung des kapitalistischen Eigentums verfügt, wird das Proletariat die politische Macht mit Waffengewalt erkämpfen müssen*«, hieß es darin.[251]

Sind wir froh, dass diese K-Gruppen nicht an die Macht gekommen waren. Leider waren erschreckend viele Mitglieder dieser K-Gruppen später bei den Grünen zu finden. Diese Partei steht vielleicht kurz davor mit Rot-Rot-Grün die stärkste Partei in einer solchen Regierungskoalition zu sein.

Nouripour, Omid (18.06.1975)

1996	Mitglied von BÜNDNIS 90/DIE GRÜNEN
1999-2003	Landesvorsitzender der Grünen Jugend in Hessen
1999-2003	Mitglied des Landesvorstandes von BÜNDNIS 90/DIE GRÜNEN in Hessen
2002-2006	Beisitzer im Bundesvorstand von BÜNDNIS 90/DIE GRÜNEN
2002-2009	Sprecher der Bundesarbeitsgemeinschaft Migration & Flucht
Seit 2006	Mitglied des Deutschen Bundestages für BÜNDNIS 90/DIE GRÜNEN

Seit 1996 ist Omid Nouripour Mitglied bei den Grünen. Er engagierte sich zunächst in der *Grünen Jugend*, deren hessischer Landesvorsitzender er in den Jahren 1999 bis 2003 war. 2002 wurde Nouripour als Beisitzer in den Bundesvorstand von BÜNDNIS 90/DIE GRÜNEN gewählt. 2009 wurde Nouripour sicherheitspolitischer Sprecher und seit 2013 ist er außenpolitischer Sprecher der Fraktion BÜNDNIS 90/DIE GRÜNEN.[252]

2014 sprach sich Nouripour für eine kriegerische Handlung gegen den Islamischen Staat aus[253] und das als Mitglied einer Partei, die in den 1980er Jahre die Friedensbewegung dominierte.

Verbindungen/weitere Ämter:
Nouripour ist Mitglied des Vorstandes der *Atlantik-Brücke*, Ehrenamtliches Board-Mitglied *European Council of Foreign Relations (ECFR)* und Mitglied der Europa-Union Parlamentariergruppe im Deutscher Bundestag.[254]

Özdemir, Cem (21.12.1965)

1981	Mitglied der Grünen
1989-1994	Mitglied im Landesvorstand von BÜNDNIS 90/DIE GRÜNEN in Baden-Württemberg
1992	Mitbegründer von *Immi-Grün - Bündnis der neuen InländerInnen*
1994-2002	Mitglied des Deutschen Bundestages für BÜNDNIS 90/DIE GRÜNEN
2004-2009	Abgeordneter des Europäischen Parlaments für BÜNDNIS 90/DIE GRÜNEN
2008-2019	Bundesvorsitzender von BÜNDNIS 90/DIE GRÜNEN
Seit 2013	Mitglied des Deutschen Bundestages für BÜNDNIS 90/DIE GRÜNEN

2002 verzichtete der Grünen-Politiker Cem Özdemir auf seinen Listenplatz für die Bundestagswahl. Er hatte von dem PR-Berater Moritz Hunzinger einen Kredit über 80.000 DM (ca. 40.000 Euro) zu überaus günstigen Konditionen erhalten. Özdemir betonte, dass mit diesem Kredit keine Verpflichtungen verbunden gewesen seien. Dass Hunzinger u.a. auch als Rüstungslobbyist bekannt ist, will der Grünen-Politiker erst im Nachhinein erfahren haben.[255] Weiter beteuerte er, dass es sich um ein privates Darlehen gehandelt habe und er es aus diesem Grund dem Bundestagspräsident Wolfgang Thierse nicht gemeldet habe.[256] Ins Gespräch gekommen war Özdemir auch, da er dienstliche Flugmeilen privat genutzt haben soll.[257]

Weitere Aktivitäten/Ämter:

2001 nahm Özdemir an dem *Young-Leaders-Programm* der *Atlantik-Brücke e.V.* teil.[258]

2011 gehörte er zu den prominenten Rednern auf einer Konferenz der *Atlantik-Brücke e.V.*[259]

Özdemir ist Gründungsmitglied des *European Council on Foreign Relations (ECFR).*[260]

Er sitzt im Beirat des Berliner Büros des *AJC*. 2003 war er als *Transatlantic Fellow* beim US-Think Tank *German Marshall Fund of the US* in Washington DC und Brüssel.[261]

Außerdem ist er Gründungskurator der *Amadeu Antonio Stiftung.*[262]

Zitat von Cem Özdemir:

Auf die Frage, wie er sich die Zukunft vorstellt: »*In zwanzig Jahren haben wir eine Grüne Bundeskanzlerin und ich berate die türkische Regierung bei der Frage, wie sie ihre Probleme mit der deutschen Minderheit an der Mittelmeerküste in den Griff bekommt.*«

> Quelle: Cem Özdemir auf einer Buchpräsentation von Hilke Gerdes laut Der Tagesspiegel, 16.04.2009. https://www.tagesspiegel.de/berlin/stadtleben/berliner-und-tuerken-tuerkisch-fuer-fortgeschrittene/1497172.html, abgerufen am 08.10.2020.

Anmerkung: Wunschvorstellung oder Ironie? Heute behauptet Cem Özdemir, dass er dies scherzhaft gemeint habe.

Ein weiteres Zitat von Cem Özdemir:

»*Ach wissen Sie, wir kennen die Argumente. Die Argumente sind ja nicht ganz neu. Im Spitzenlastbereich, also nicht im Normallastbereich. Dann wenn der Energieverbrauch am Höchsten in Deutschland ist, ungefähr mittags zwischen 11 und 12, verbrauchen wir ungefähr 80 Gigabyte. Wir produzieren aber ungefähr 140 Gigabyte.*«

> Quelle: ARD-Brennpunkt, 15.03.2011, ca. 25:30 Minuten. https://www.tagesschau.de/multimedia/video/video877244.html, abergufen am 22.12.2020

Anmerkung: Die Maßeinheit für Strom heißt Gigawatt, der Verbrauch wird in Gigawatt-Stunden (GWh) gemessen.

Ein weiteres Zitat von Cem Özdemir:

»In einer Woche könnte es sein, dass erstmals Nazis wieder in Deutschen Bundestag einziehen. Ist das kein Anlass zu sagen, es lohnt sich zu kämpfen - Ist das kein Anlass zu sagen, wir wollen alles dafür tun, dass ***diese Brut*** *[Hervorhebung durch den Autor] in diesem Land nichts zu sagen hat, liebe Freundinnen und Freunde!«*

Quelle: Grünen-Parteitag am 17.09.2017
https://www.youtube.com/watch?v=gJ_uPN4-__M (2 Stunden, 57 Minuten), abgerufen am 22.12.2020

Pollak, Andreas (05.01.1960)

Seit 1985	Mitglied der Partei DIE GRÜNEN
Seit 1990	Sprecher BÜNDNIS 90/DIE GRÜNEN im Stadtrat Homburg
1994-1999	Mitglied des Landtages im Saarland
2006	Niederlegung seines Mandats im Stadtrat Homburg

1997 fand ein Ermittlungsverfahren gegen Andreas Pollak wegen des Verdachts des Diebstahls statt. Gegen Zahlung einer Geldauflage von ca. 5.000 Euro wurde das Verfahren eingestellt.[263]

Bereits 1995 wurde bekannt, dass Pollak in der Vergangenheit eine Haftstrafe von vier Jahren wegen Betruges abgesessen hatte.[264]

2011 wurde Pollak vom Landgericht Saarbrücken zu einer Haftstrafe von drei Jahren und neun Monaten verurteilt, weil er als Arzt »zu Lasten der Krankenkassen in zahlreichen Fällen nicht erbrachte, ärztliche Leistungen abgerechnet[265] und so einen Schaden von ca. 400.000 Euro verursacht« haben soll.[266] Der Bundesgerichtshof bestätigte das Urteil des Landgerichts Saarbrücken im Juli 2012.[267]

Pumphrey, Doris (1949) und George (1946)

1959	(George) *Mitglied der NAACP (National Association for the Advancement of Colored People)*, einer großen Bürgerrechtsorganisation
1962	(George) Aktiv bei den *Black Panthers* - sowie in den 1970er Jahren
1969	(Doris) Mitglied im *Sozialistischen Deutschen Studentenbund (SDS)* und Engagement in *Black-Panther*-Solidaritätskomiteen
1970	(George) Aus der *US-Army* als unerwünscht entlassen
1987-1990	Mitarbeiter in der Bundestagsfraktion der Grünen
1999	Mitarbeiter der Pressestelle der *PDS (*heute *Die Linke)*-Bundestagsfraktion

1971 hat der damalige bundesdeutsche Innenminister Hans-Dietrich Genscher (FDP) George Pumprey als Sicherheitsrisiko betrachtet und habe ihm Einreiseverbot erteilt.[268]

»Mit unseren neuen Genossen in Berlin[-Ost/DDR] überlegten wir, wie und wohin wir uns orientieren sollten. Unser Einsatz für die DDR sollte nicht in Frankreich sein. Unseren Berliner Genossen lag sehr daran, daß wir in die Bundesrepublik ziehen.«[269]

Die beiden Fraktionsmitarbeiter der Grünen Doris und George Pumphrey arbeiteten unter den Decknamen »Dagmar« und »Faber« seit 1983 für die Stasi. Sie leisteten Spitzelarbeit in der internationalen Friedensbewegung (1983-1987). Doris Pumphrey war als persönliche Mitarbeiterin bei der für Finanzpolitik zuständigen Abgeordneten Christa Vennegerts angestellt. George Pumphrey hatte eine Anstellung bei der Abgeordneten Gertrud Schilling, zuständig für Friedens- uns Außenpolitik. Doris und Georg Pumphrey stellten Informationen über Tendenzen, Entwicklungen und Diskussionen innerhalb der Grünen zusammen. Im Januar 1998 wurde das Ehepaar wegen geheimdienstlicher Agententätigkeit zu je sieben Monaten Haft auf Bewährung und 3.000 DM (ca. 1.500 Euro) verurteilt. Sie gaben an, dass sie mit ihrer Tätigkeit einen Beitrag zu besseren Beziehungen zwischen der DDR und der Partei DIE GRÜNEN leisten wollten. Anstößig fanden sie an ihrer Bespitzelung nichts. 1999 wurden Doris und George Pumphrey Mitarbeiter der PDS-Bundestagsfraktion.[270]

Reents, Jürgen (05.08.1949)

Bis 1979	Mitglied und Funktionär im *Kommunistischen Bund (KB)*
1977	Mitbegründer und Vorstandsmitglied der *Bunten Liste Hamburg*
1979	Gründungsmitglied der Partei DIE GRÜNEN
1980-1982	Im Landesvorstand DIE GRÜNEN Hamburg
1982	Mitglied der *Grün-Alternativen Liste (GAL)*
1983	Mitglied des Deutschen Bundestages für die Partei DIE GRÜNEN
1987-1988	Im Landesvorstand DIE GRÜNEN Hamburg
1989-1990	Im Bundesvorstand DIE GRÜNEN
1991	Austritt aus der Partei DIE GRÜNEN
1991	Pressesprecher der *PDS*-Bundestagsgruppe
1998	Eintritt in die *PDS*

Ab 1971 erschien die *Kommunistische Arbeiterzeitung (KAZ)*, die weitgehend unter Reents Federfühung erstellt wurde. Reents gehörte als Funktionär in den 1970er Jahren dem *Kommunistischen Bund (KB)* und gleichzeitig dessen Zentrumsleitung an. 1979 gehörte er zum Leitungsgremium der *Gruppe Z*.[271]

1982 gehörte Reents der Verhandlungskommission der *GAL* an, welche eine Unterstützung der *SPD* anstrebte. Der Kommission gehörten auch Ulla Jelpke, Heiner Möller, Thomas Ebermann, Günter Hopfenmüller, Bettina Hoeltje und Marion Pein an. Somit war die Kommission stark vom *KB* und der *Gruppe Z* dominiert.[272]

1999 wurde er Chefredakteur der Zeitung *Neues Deutschland*,[273] dem einstigen Propagandablatt der *SED*-Diktatur in der DDR. 2012 schied Reents als Chefredakteur aus, blieb jedoch als Berater der Redaktionsleitung und Redakteur mit besonderen Aufgaben tätig.[274]

Reents war Bundesvorstandsmitglied der Partei DIE GRÜNEN und einer der Wortführer des linken Flügels.[275]

Rieth, Dietmar (03.02.1958)

Seit 1988	Mitglied bei BÜNDNIS 90/DIE GRÜNEN
1989-1991	Mitglied des Stadtrats Neuwied für BÜNDNIS 90/DIE GRÜNEN
1991-2001	Mitglied des Rheinland-Pfälzischen Landtages für BÜNDNIS 90/DIE GRÜNEN
1992	Sprecher des Kreisverbandes BÜNDNIS 90/ DIE GRÜNEN Neuwied
Seit 1993	Stellvertretender Fraktionsvorsitzender von BÜNDNIS 90/DIE GRÜNEN im Rheinland-Pfälzischen Landtag
Seit 2016	Mitglied im Vorstand der *Vereinigung der ehemaligen Abgeordneten des Landtags von Rheinland-Pfalz*.
	Dietmar Rieth ist Träger des Bundesverdienstkreuzes

1998 bestätigte das Koblenzer Oberlandesgericht das Urteil gegen den Landtagsabgeordneten des Rheinland-Pfälzischen Landtages, Dietmar Rieth von BÜNDNIS 90/DIE GRÜNEN.

Demzufolge wurde der Grünen-Politiker wegen Untreue zu einer Geldstrafe von 18 Tagessätzen à 180 DM (ca. 1.620 Euro) verurteilt. Grund für die Anklage war, dass Rieth die Betreuung von Gästen - gegen die geltenden Regeln - über die vom Landtag aufgefüllten, sogenannten Besucherkonten abgerechnet haben sollte.[276]

Roth, Claudia (15.05.1955)

1971-1990	Mitglied der *Jungdemokraten*
1983	Mitglied der *SPD*
1985-1989	Pressesprecherin der Grünen im Deutschen Bundestag
1989-1998	Mitglied des Europäischen Parlaments
Seit 1994	Fraktionsvorsitzende von BÜNDNIS 90/DIE GRÜNEN
2001-2002	Parteivorsitzende von BÜNDNIS 90/DIE GRÜNEN
1998-2001	Mitglied des Deutschen Bundestages
Seit 2002	Mitglied des Deutschen Bundestages
2004-2013	Bundesvorsitzende der Partei BÜNDNIS 90/ DIE GRÜNEN
Seit 2013	Vizepräsidentin des Deutschen Bundestages

Verbindungen/weitere Ämter:

Claudia Roth war von 2005-2010 Mitglied der *Atlantik-Brücke e.V.*

Im Jahre 2000 beauftragte der EU-Rechnungshof den Chef des Antikorruptionsamtes, Franz-Hermann Brüner, einen Betrugsverdacht in der Grünen Fraktion des Europäischen Parlaments zu untersuchen. Die europäische Fraktion der Grünen hatte in den Jahren 1997 und 1998 keine korrekten Rechenschaftsberichte für EU-Mittel in Höhe von 6,5 Millionen DM vorgelegt. Doch wie sich herausstellte, ließ Franz-Hermann Brüner es nie zu einem Verfahren kommen.[277]

Zu den Verantwortlichen gehörten u.a. die Fraktionsvorsitzende der EU-Grünen Claudia Roth.[278]

Brüners vorgesetzte Kommissarin, die deutsche Grünen-Politikerin Schreyer wies die Vorwürfe zurück, Einfluss auf Brüners Arbeit genommen zu haben. Als Heide Rühle 1999 das Amt der Schatzmeisterin antrat, zeigte sie sich entsetzt über das Finanzchaos. Gehälter von Fraktionsbeamten wurden umverteilt, angeblich wurden Gelder für Gehälter auch anderweitig genutzt.[279]

Zitat von Claudia Roth:

»Heute vor zwei Jahren ereignete sich die verheerende Atom-Katastrophe von Fukushima, die nach Tschernobyl ein weiteres Mal eine ganze Region und mit ihr die ganze Welt in den atomaren Abgrund blicken ließ. Insgesamt starben bei der Katastrophe in Japan 16.000 Menschen, mehr als 2.700 gelten immer noch als vermisst ...«

> Quelle: Veröffentlichung auf Ihrer Facebookseite am 11.03.2013, https://www.facebook.com/Roth/posts/heute-vor-2-jahren-ereignete-sich-die-verheerende-atom-katastrophe-von-fukush/10151525525735664/, abgerufen am 10.10.2020

Anmerkung: Die traurige Bilanz der Todesopfer in Fukushima liegt laut »Sciene Direct« bei 730-1.260 Toten. Die von Frau Roth genannten Zahlen entsprechen den Opferzahlen, die laut Polizeiangaben das »Tohoku-Erdbeben 2011« verursacht hat. Wenn Claudia Roth sich hier bereits um ein Zehnfaches irrt, wie sind ihre anderen Aussagen zu werten?

> https://www.sciencedirect.com/science/article/abs/pii/S0048969714012819?via%3Dihub, abgerufen am 22.12.2020

> https://de.wikipedia.org/wiki/Tohoku-Erdbeben_2011#cite_note-Keisatsu-cho-1, abgerufen am 22.12.2020

Ein weiteres Zitat von Claudia Roth:

»Mit Verlaub, mit Atomenergie kann man im Winter nicht heizen.« und ergänzte diese Aussage mit: »Man sollte uns auch nicht für blöder verkaufen, als wir im Schnitt sind.«

> Quelle: Welt.de, 10.01.2009
> https://www.welt.de/welt_print/article3002440/Macht-doch-nicht-so-n-Theater-Claudia-Roth.html, abgerufen am 22.12.2020

Sager, Krista (28.07.1953)

1970er	Im *Kommunistischen Bund Westdeutschlands (KBW)*
1982	Mitglied der *Grün-Alternativen Liste (GAL)*
1983	Mitglied im Landesvorstand der *Grün-Alternativen Liste (GAL)* in Hamburg
1994-1996	Sprecherin des Bundesvorstandes von BÜNDNIS 90/DIE GRÜNEN gemeinsam mit Jürgen Trittin
1996-1997	*GAL*-Landesvorsitzende in Hamburg
2002-2013	Mitglied des Deutschen Bundestages
2002-2005	Vorsitzende der Bundestagsfraktion BÜNDNIS 90/DIE GRÜNEN mit Katrin Göring-Eckardt
2005-2009	Stellvertretende Fraktionsvorsitzende von BÜNDNIS 90/DIE GRÜNEN im Bundestag

Neben Ulla Schmidt (BÜNDNIS 90/DIE GRÜNEN), Ursula Lötzer *(Die Linke)* und Winfried Nachtwei (BÜNDNIS 90/DIE GRÜNEN) und vielen anderen, war in den 1970er Jahren auch die Bundestagsabgeordnete Krista Sager (BÜNDNIS 90/DIE GRÜNEN) für den *Kommunistischen Bund Westdeutschlands (KBW)* aktiv. Sie gehörte der *Sozialistischen Studentengruppe* des *KBWs* an.[280]

Aus dem Programm des *KBW* von 1973: »*Solange die Bourgeoisie über bewaffnete Formationen zur Verteidigung des kapitalistischen Eigentums verfügt, wird das Proletariat die politische Macht mit Waffengewalt erkämpfen müssen*«.[281]

Schlauch, Rezzo (4.10.1947)

Seit 1980	Mitglied DIE GRÜNEN
1984-1994	Mitglied des Landtages Baden-Württemberg
1990-1992	Vorsitzender der Fraktion der Grünen
Seit 1994	Mitglied des Bundestages
1998-2002	Vorsitzender der Fraktion BÜNDNIS 90/DIE GRÜNEN
2002-2005	Parlamentarischer Staatssekretär im Bundesministerium für Wirtschaft und Arbeit
	2006 erhielt Schlauch die Verdienstmedaille des Landes Baden-Württemberg

Der Grünen-Politiker Rezzo Schlauch gestand, dienstlich erworbene Bonus-Flugmeilen privat genutzt zu haben. So soll er gratis in der ersten Klasse bis nach Thailand geflogen sein. Den ersparten Betrag von ca. 7.000 Euro habe der Bundestagskasse zurückerstattet. Im Gegensatz zu Cem Özdemir und Gregor Gysi sieht er davon ab, von seinen Ämtern zurückzutreten.[282]

Zudem hatte der Grünen-Politiker Kontakt zu dem Frankfurter PR-Manager Moritz Hunzinger. Hunzinger ist besonders für einen Grünen-Politiker eine prekäre Adresse, da dieser über beste Verbindungen zur Rüstungsindustrie verfügt. Doch obwohl es eine Anordnung von Hunzinger gab, die auf ein Honorar für Schlauch hinweist, will er davon nichts wissen. Eine Spende an die Partei schließe er jedoch nicht aus.[283]

2005/2006 wurde er Mitglied im Beirat der *Energie Baden-Württemberg* einem der größten Energieversorgungsunternehmen und Kernkraftwerksbetreiber Deutschlands.[284]

Schily , Otto (20.7.1932)

1980	**Mitglied DIE GRÜNEN**
1983-1986	**Mitglied des Deutschen Bundestages für DIE GRÜNEN**
1987-1989	**Mitglied des Deutschen Bundestages für DIE GRÜNEN**
1989	**Wechsel von DIE GRÜNEN zur *SPD***
1990-2009	**Mitglied des Deutschen Bundestages für die *SPD***
1994-1998	**Stellvertretender Vorsitzender der *SPD*-Bundestagsfraktion**
1998-2005	**Bundesminister des Innern**

1971 verteidigte Otto Schily den damaligen RAF-Terroristen Horst Mahler, mit dem er bereits während seines Studiums befreundet gewesen ist. 1975-1977 war Otto Schily der Vertrauensanwalt von Gudrun Ensslin (RAF). Immer wieder wurde Schily dem Vorwurf ausgesetzt, er solle die RAF-Terroristen in Stammheim aktiv unterstützt haben. Der Abgeordnete Otto Schily übernahm auch die Verteidigung des wegen Wahlfälschung in der DDR-Diktatur verurteilten Dresdner Oberbürgermeisters Wolfgang Berghofer *(SED/PDS)*.[285]

Nach seiner Zeit als Bundesinnenminister betätigte Schily sich im Aufsichtsrat bei den Firmen *Byometric Systems AG* und *SAFE ID Solutions AG*. Diese Firmen bieten die kontroversen biometrischen Lösungen, bzw. Lösungen zur Personalisierung von Ausweisdokumenten an. Schilys Tätigkeit für diese Firmen ist umstritten, denn als Bundesinnenminister war Otto Schily ein maßgeblicher Wegbereiter der Einführung des kontrovers diskutierten biometrischen Reisepasses, von dessen Einführung seine nunmehrigen Arbeitgeber in erheblichem Maße wirtschaftlich profitieren.[286]

Otto Schily war regelmäßiger Besucher der Bilderberger Treffen in den Jahren 2003, 2004, 2005 und 2006.[287]

Schmidt, Forian (1975)

Seit 2006	Mitglied von BÜNDNIS 90/DIE GRÜNEN
2007	Initiator und Leiter der Arbeitsgemeinschaft Kreative Stadt Berlin von BÜNDNIS 90/DIE GRÜNEN im Berliner Abgeordnetenhaus
Seit 2016	Bezirksstadtrat für Friedrichshain-Kreuzberg in Berlin

Im September 2020 wurde bekannt, dass die Berliner Staatsanwaltschaft gegen den Grünen-Politiker Florian Schmidt ermittelt. Demnach läuft ein Ermittlungsverfahren, in dem die Staatsanwaltschaft auch den Vorwurf der Untreue gegen Schmidt prüft. Dem Baustadtrat Florian Schmidt wird vorgeworfen, dass er mit Immobiliendeals den Bezirkshaushalt in Schieflage gebracht und damit Steuergelder verschwendet haben könnte. Dabei geht es um die umstrittene Wohnungsgenossenschaft *Diese eG*, die mittlerweile Zahlungsverpflichtungen in Höhe von rund 50 Millionen Euro angehäuft habe.[288]

Detailliert haben in den vergangenen Monaten zwei Berliner Bezirke auf ihr Vorkaufsrecht für Häuser zugunsten der Genossenschaft *Diese eG* verzichtet, obwohl diese Genossenschaft weder belastbare Finanzierung, noch Fördergelder vom Land vorgewiesen hätte. Nur durch den Einsatz von Landesmitteln soll es gelungen sein, eine Millionenpleite der Genossenschaft abzuwenden.[289]

Der CDU-Landeschef Kai Wegener: »*Der grüne Immobilienskandal zieht Kreise. Da sich Rot-Rot-Grün bei der Aufklärung der Affäre Schmidt aus der Verantwortung stiehlt, begrüße ich, dass die Staatsanwaltschaft den Fall nun überprüft.*«[290]

Schmidt, Frithjof (17.4.1953)

Seit 1988	Mitglied von DIE GRÜNEN
1989-1992	Geschäftsführer der Europagruppe der Grünen im Europäischen Parlament
1996-1998	Mitglied des Bundesvorstandes von BÜNDNIS 90/DIE GRÜNEN
2000-2006	Landesvorsitzender von BÜNDNIS 90/DIE GRÜNEN in Nordrhein-Westfalen
2000-2002	Mitglied der Grundsatzprogramm-Kommission von BÜNDNIS 90/DIE GRÜNEN
2000-2004	Vorstandsmitglied der *Europäischen Grünen Partei (EGP)*
2004-2009	Europaabgeordneter in der Fraktion *Die Grünen/Europäische Freie Allianz*
2006-2012	Co-Herausgeber der Wochenzeitung *Der Freitag*
Seit 2009	Mitglied des Deutschen Bundestages

Von 2006 bis 2012 war Frithjof Schmidt Co-Herausgeber der Wochenzeitung *Der Freitag*.[291]

Schmidt gehört dem linken Flügel von BÜNDNIS 90/DIE GRÜNEN an und ist Mitglied im Koordinierungsteam von *Grün.links.denken*.[292]

Grün.links.denken versteht sich als Dachorganisation der verschiedenen linken Gruppen innerhalb von BÜNDNIS 90/DIE GRÜNEN und repräsentiert damit den linken Flügel der Grünen.[293]

Verbindungen/weitere Ämter:

Frithjof Schmidt gehört zum Präsidium der Lobbygesellschaft *Deutsche Gesellschaft für Auswärtige Politik (DGAP)*.[294]

Schnaubelt, Peter (ca. 1943)

1992-1996 Mitglied in der *Alternativen Liste für Demokratie und Umweltschutz*

1996 wurde der Pädagoge Peter Schnaubelt aus der Partei ausgeschlossen, allerdings nur wegen nicht gezahlter Beiträge und nicht wegen irgendwelcher Gesetzesverstöße.

Im Februar 1997 wurde Schnaubelt in Kolumbien verhaftet und anschließend in Deutschland wegen der Herstellung und Verbreitung von kinderpornografischem Material angeklagt. Deswegen wurde er 1998 zu einer mehrjährigen Haftstrafe verurteilt.[295]

Während BÜNDNIS 90/DIE GRÜNEN dem keine große Beachtung in ihrem Bericht der »*Kommission zur Aufarbeitung der Haltung des Landesverbandes Berlin von Bündnis 90/DIE GRÜNEN zu Pädophilie und sexualisierter Gewalt gegen Kinder von der Gründungsphase bis in die 1990er Jahre*« schenken, weil die Ermittlungen nach seiner Mitgliedschaft liegen, so stimmt es doch nachdenklich, dass in dem Bericht nur das Jahr 1996 - ohne Monat - als Austrittsdatum angegeben wurde.

War es Januar, oder Dezember 1996? Also letzteres, 2-3 Monate vor seiner Verhaftung in Kolumbien? Gab es einen Internationalen Haftbefehl und bereits Ermittlungen 1996 die der Partei bekannt waren? Wusste BÜNDNIS 90/DIE GRÜNEN wirklich nichts von seinen »*Geschäftspraktiken*«, schließlich wurden bei einer Hausdurchsuchung, die im Jahr 1997 gewesen sein dürfte, kistenweise pornografische Material gefunden, u.a. 2000 Videokassetten und 70.000 entsprechende Fotos. Dabei kam heraus, dass er tausende Kunden beliefert haben soll und gewaltig Geld verdiente. In wieweit hat BÜNDNIS 90/DIE GRÜNEN davon - z. B. durch Spenden - profitiert?

Der *Focus* berichtete am 29.08.2003 unter dem Titel »Firma der Perversen«: »*Peter S. agierte in einem geheimen Netzwerk deutscher Pädophiler, einer international operierenden Kindersexmafia.*« ... »*Der Berliner soll mehrere Kinder, darunter auch die Söhne seiner Lebensgefährtin Ursula K., Sascha, 11, und Thomas, 14, sexuell mißbraucht und pornographische Videos und Fotos von den Kindern angefertigt haben.*«

Schneider, Dirk (21.04.1939)

1978	Gründungsmitglied der *Alternativen Liste (AL)* in Berlinund zeitweise Pressesprecher der *Alternativen Liste*
Seit 1979	Mitglied der Grünen
1979-1981	Vorsitzender der *AL*-Fraktion in der Bezirksverordnetenversammlung Berlin-Kreuzberg
1983-1985	Mitglied des Bundestages für DIE GRÜNEN
Seit 1990	Mitglied der *PDS*

Schneider war beteiligt an der Gründung der linksradikalen Zeitungen *Agit 883* und *Radikal*.[296] Er war Pressesprecher und Gründungsmitglied der *Alternativen Liste*, von 1983 bis 1985 war er sogar Mitglied des Deutschen Bundestages. Zudem war er Mitglied des innerdeutschen Ausschusses und deutschlandpolitischer Sprecher der Grünen.[297]

Unter Schneiders Einfluss näherten sich die Grünen zunehmend Positionen der *SED* an.[298]

Nach der Wende, 1991, legten ausgewertete Opferakten eine Tätigkeit Schneiders für die *Stasi* nahe. Er legte darauf hin sein Mandat im Berliner Abgeordnetenhaus für die *PDS* nieder. 1996 trat er aus der *PDS* aus. Im selben Jahr stellte die Staatsanwaltschaft das entsprechende Ermittlungsverfahren gegen Schneider ein, da keine geheimdienstliche Tätigkeit nachgewiesen werden konnte. Erst 1998 - nachdem neue Akten auftauchten - wurde das Ausmaß seiner Spitzeltätigkeit über interne Vorgänge bei den Grünen deutlich. Sein Kontakt mit der Stasi der *SED*-Diktatur bestand bereits seit 1975.[299]

1984 veröffentlichte er in einer Presseerklärung, dass eine Politik der Deutschen Wiedervereinigung nach westdeutschen Vorstellungen friedensbedrohend sei.[300] 1984 bezeichnete Dirk Schneider die DDR-Ausreisewillige als »*Luxusflüchtlinge*«.[301]

Schwalba-Hoth, Frank (12.12.1952)

1978	Mitbebgründer der *Marburger Grünen Liste (GLW)*
1979-1980	Präsident des Marburger Studentenparlaments für die *Linke Liste (LiLi)* bzw. die *Grün-Bunt-Alternative Liste*
1980	Gründer der *Grün-Bunt-Alternative Liste (GBAL)*
1980	Gründungsmitglied der Partei DIE GRÜNEN
1981	Stellvertretender Landesvorsitzender der Partei DIE GRÜNEN in Hessen
1982-1983	Grünen-Abgeordneter im Hessischen Landtag
1984-1987	Europa-Abgeordneter der Grünen

Der Grünen-Politiker Schwalba-Hoth erregte 1983 mit einer außergewöhnlichen Aktion Aufsehen. Bei einem Empfang im Hessischen Landtag bespritzte er die Uniform eines stationierten US-Generals mit Blut. Dabei ist seine eigene Vergangenheit eng mit dem Militär verwoben. Während seiner Zeit bei der Bundeswehr war Schwalba-Hoth zeitweise Informant des *Militärischen Abschirmdienstes*. In dieser Funktion wurde er auf eine *DKP*-orientierte Antimilitaristengruppe angesetzt.[302]

Nach seinem Ausscheiden aus dem Europäischen Parlament arbeitet Schwalba-Hoth als Berater und Lobbyist in Brüssel.[303]

Stephan, André (1980)

2006	**Kandidat zur Berlin-Wahl für BÜNDNIS 90/ DIE GRÜNEN**
2011	**Wahlkampfmanager von Renate Künast und Landesgeschäftsführer von BÜNDNIS 90/DIE GRÜNEN in Berlin**
2014	**Mitglied des Kreisvorstandes Berlin Tempelhof-Schöneberg**

Der Grünen-Politiker, Landesgeschäftsführer und Wahlkampfmanager von Renate Künast, André Stephan, wurde in der heißen Phase des Wahlkampfes im Juni 2011 betrunken am Steuer erwischt. Er war der Polizei aufgefallen, weil er mit laufendem Motor und eingeschaltetem Blinker an einer Ampel eingeschlafen war. Stephan sei, nachdem er einen Meter vorgefahren war, direkt wieder eingeschlafen.[304]

Bei der Polizeikontrolle sei Stephan aggressiv geworden und habe mehrfach die Polizisten gefragt, ob sie wüssten, wen sie vor sich hätten. »*Er hat auch mehrfach darauf hingewiesen, gerade vom Hoffest des regierenden Bürgermeisters Klaus Wowereit zu kommen*«, so der Polizeibeamte. Aus dem Protokoll des Polizeiberichts: Versuchte Flucht, Beleidigung, Handschellen.[305]

Er musste 1.200 Euro Geldstrafe zahlen und seinen Führerschein abgeben.[306]

In seinem Internetblog im August 2006: »*Gerade in einer Stadt sollte es möglich sein, Todesfälle im Straßenverkehr ganz zu vermeiden.*« ... »*Und ganz sicher genügt es nicht allein, Appelle loszuwerden. Wenn es um Leben und Tod geht, sind auch die Sanktionen angemessene und taugliche Mittel.*« ... »*Dazu gehört die Promillegrenze endlich auf 0.0 zu senken! Die Sicherheit der Verkehrsteilnehmer ist das höchste Gut.*«[307]

Striegel, Sebastian (03.06.1981)

Seit 1998	Mitglied bei BÜNDNIS 90/DIE GRÜNEN
1999-2000	Stadtrat in Merseburg
2004-2008	Kreisvorsitzender von BÜNDNIS 90/DIE GRÜNEN im Saalekreis
2006-2011	Mitglied im Landesvorstand in Sachsen-Anhalt von BÜNDNIS 90/DIE GRÜNEN
Seit 2007	Mitglied der *AG Polizeilicher Umgang mit Rechtsextremismus*
Seit 2011	Mitglied des Landtags Sachsen
Seit 2012	Kreisvorsitzender von BÜNDNIS 90/DIE GRÜNEN im Saalekreis
Seit 2012	Mitglied der vom Bundesvorstand eingesetzten Rechtsextremismus-kommission
Seit 2019	Co-Landesvorsitzenden von Bündnis 90/Die Grünen in Sachsen-Anhalt
2021	Geplante Kandidatur zur Landtagswahl in Sachsen-Anhalt für Bündnis 90/Die Grünen auf Listenplatz 2

Am 26. August 2016 verursachte Sebastian Striegel bei der Auffahrt auf die A14 einen Autounfall, weil er - laut eigenen Angaben - aufgrund der Lichtverhältnisse das entgegenkommende Fahrzeug nicht gesehen habe.[308] Beim daraufhin erfolgten Ausweichmanöver soll sich der Wagen überschlagen haben und der 28-jährige Fahrer schwer verletzt worden sein. Kurioser erscheint seine Aussage »*Ich hatte diesen Autounfall aus meinem Fahrzeug heraus zunächst nicht wahrgenommen.*« Auch wenn Sebastian Striegel sich später als Unfallverursacher zu erkennen gab und zum Unfallort zurückkehrte, kam das Gericht zu der

Erkenntnis, dass es Fahrerflucht war und verurteilte Striegel im Januar 2017 zu einer Geldstrafe in Höhe von 3.600 Euro, außerdem wurde ihm der Führerschein für sechs Monate entzogen.[309]

Gegen diesen Strafbefehl legte der Verurteilte kein Einspruch ein. Auf Facebook erklärte er, dass er die Strafe akzeptiere.[310]

Zitat von Sebastian Striegel:

Striegel forderte in einer Diskussion zur Einwanderungspolitik am 18. März 2015 auf Twitter:

»*Zuwanderung bis zum Volkstod*«.

Quelle: Süddeutsche-Zeitung auf Süddeutsche.de, 27.09.2019

https://www.sueddeutsche.de/politik/landtag-magdeburg-gruenen-abgeordneter-darf-in-kontrollkommission-bleiben-dpa.urn-newsml-dpa-com-20090101-190927-99-63832, abgerufen am 08.10.2020

Ströbele, Hans-Christian (7.06.1939)

1960er	Engagement in der Studentenbewegung
1970-1974	Mitglied der *SPD*
1970	Verteidigung von *RAF*-Mitgliedern
1971	Mitwirkung bei der Gründung d*ie tageszeitung*
1980	Mitwirkung bei der Gründung der *Alternativen Liste für Demokratie und Umweltschutz*
1985-1987	Bundestagsabgeordneter über die Alternative Liste für die Partei DIE GRÜNEN
1990-1991	Sprecher der Partei DIE GRÜNEN
1998-2017	Bundestagsabgeordneter für BÜNDNIS 90/ DIE GRÜNEN
2002-2009	Stellvertretender Vorsitzender der Bundestagsfraktion BÜNDNIS 90/DIE GRÜNEN

Nach seinem Examen trat Hans-Christian Ströbele 1967 als Referendar in die Anwaltskanzlei von *RAF*-Anwalt Horst Mahler ein. Er wurde zu einem der Anwälte der *Außerparlamentarischen Opposition* (Studentenbewegung)[311] und zum Wahlverteidiger des *RAF*-Mitglieds Andreas Baader.[312]

Wegen Unterstützung einer kriminellen Vereinigung kam er 1975 für kurze Zeit in Untersuchungshaft.[313] Sechs Jahre später kam es zu dem Prozess vor der 2. Großen Strafkammer des Landgerichts Berlin. Er wurde dort zu 18 Monaten Haft auf Bewährung verurteilt (Az: 2P KLs 5/77). Zwei Sachverhaltskomplexe waren für das Gericht entscheident: *»Verbreitung von Prozesserklärungen«* und *»Mitwirkung am Aufbau und beim Betrieb eines von den Gefangenen unterhaltenen Informationssystems«*. Ihm wurde vorgeworfen, Informationen zwischen den Häftlingen weitergegeben zu haben. 1982 wurde er endgültig vom Bundesgerichtshof (Az: 3 StR 28/82) wegen *Unterstützung einer Kriminellen Vereinigung* zu 10 Monaten Haft auf Bewährung verurteilt. Diesmal jedoch nur wegen der »*Mitwirkung am Aufbau und beim Betrieb eines von den Gefangenen unterhaltenen Informationssystems*«

Aus dem Urteil:

»*Der Angeklagte hat die in der Haft bestehende kriminelle Vereinigung als Nichtmitglied dadurch unterstützt, dass er zum Aufbau und zum Betrieb des von den Gefangenen unterhaltenen Informationssystems beigetragen hat. Dieses sollte ein „Sammel- und Verteilersystem zur Information, Kommunikation, Diskussion, gegenseitiger Kritik und Selbstkritik unter den Gefangenen und ein Instrument zur Schulung der Gefangenen durch die Gefangenen sein“.*«

Deises System soll »*der Fortsetzung der kriminellen Bestrebung der Vereinigung durch ein „gemeinsames Lernprogramm“*« an dem die Gefangenen zusammenwirkten um sich »*auf die Fortsetzung des bewaffneten Kampfes vorzubereiten*« ... »*Die Prozessvorbereitung war höchstens ein Nebenzweck. Das hat der Angeklagte erkannt und gebilligt.*«.[314]

Trotz dieser Vorstrafe zog er über die Alternative Liste für DIE GRÜNEN in den Deutschen Bundestag ein.

Suhrkamp, Henning

1992-1996 **Als Mitglied der *SPD* im Rat der Stadt Delmenhorst**

2006-2009 **Als Mitglied der *Tierschutzpartei* im Rat der Stadt Delmenhorst**

2009-2014 **Als Mitglied von BÜNDNIS 90/DIE GRÜNEN im Rat der Stadt Delmenhorst, danach als Fraktionsloser**

Im Januar 2014 leitete die Staatsanwaltschaft Hannover gegen den zu dieser Zeit noch für BÜNDNIS 90/DIE GRÜNEN im Rat der Stadt Delmenhorst sitzenden Henning Suhrkamp ein Ermittlungsverfahren wegen Beschaffens und Besitzens von kinder- und jugendpornografischer Schriften ein.[315]

In seiner Urteilsbegründung (Erstinstanzliches Verfahren) fasste der Richter ein Gesamtbild des Kommunalpolitikers zusammen:

»*Dieser sei ein Mann, der homosexuelle Präferenzen für jüngere Jugendliche habe. Das zeige sich nicht nur an den strafrechtlich relevanten sieben Kinderpornografischen und 227 Jugendpornografischen Bildern, die auf Suhrkamps Laptop und seinen USB-Sticks gefunden wurden. Auch eine laut* [Richter] *Pünjer „gewaltige Sammlung" von strafrechtlich nicht relevanten Bilddateien, auf denen nackte oder halb nackte männliche Jugendliche am Strand zu sehen sind, zeigen deutlich seine sexuelle Vorliebe. Ein bei ihm gefundener Aufkleber mit der Aufschrift „I love Jungs" runde das Bild ebenso ab wie auf DIN-A4-Zetteln ausgedruckte Kinder- und Jugendpornografie* ...«.[316]

Der ehemalige Ratsherr für BÜNDNIS 90/DIE GRÜNEN, Henning Suhrkamp, brachte zur Verteidigung vor, dass ihm diese Bilder untergeschoben worden seien. Jedoch sah der Richter für die Verschwörungstheorie keinerlei Anhaltspunkte.[317]

Als in der Berufungsverhandlung die Verteidigung erneut auf einen Komplott anspielte, ließ sich die Richterin die Erkenntnisse detailliert von einem Sachverständigen darlegen. Demnach ließe sich anhand der Dateien und Speicherpfade genau ablesen, wann die Bilder wohin gespeichert worden sind. Ebenfalls ließe sich daran erkennen, dass einige Bilder und Dateien direkt auf einem USB-Stick gespeichert wurden.[318]

Erkenntnisse, die zu der Schlussfolgerung führten, dass der Angeklagte - Henning Suhrkamp - sich nicht nur des Besitzes, sondern auch der Beschaffung schuldig gemacht hat.[319]

Der Angeklagte zog seine Berufung zurück und das Urteil aus der ersten Instanz wurde rechtskräftig:

Eine Geldstrafe in Höhe von 3.600 Euro wegen Beschaffens und Besitzens von kinder- und jugendpornografischen Bildern.[320]

Der Verurteilte ist weiterhin politisch tätig, unter anderem gegen *»Rechte Hetze«*.[321]

Trampert, Rainer (05.05.1946)

1974-1979	**Mitglied im *Kommunistischen Bund (KB)***
1978	**Kandidatur zur Hamburgischen Bürgerschaft für die *Bunte Liste - Wehrt euch***
1980	**Mitbegründer der Partei DIE GRÜNEN**
1982-1987	**Sprecher des Bundesvorstandes der Grünen**
1989/1990	**Austritt aus der Partei DIE GRÜNEN**

Rainer Trampert gehört zu der Fülle an Mitgliedern bei den Grünen mit kommunistischer Vergangenheit.

Die *Bunte Liste - Wehrt Euch* stand unter enormem Einfluss des *Kommunistischen Bundes (KB)*. Bei der Hamburger Bürgerschaftswahl 1978 trat die Liste nur einmal an und erreichte dabei 3,5 % auf Landesebene. Aufgrund interner Streitigkeiten und Spaltung wurde die Liste nach der Wahl immer bedeutungsloser. 1981 ging die *Bunte Liste - Wehrt Euch* im Hamburger Landesverband von DIE GRÜNEN auf, der damaligen *Grün-Alternativen Liste (GAL)*.

Er ist Publizist und schreibt für die *Jungle World* und für *Konkret*.[322]

Rainer Trampert gehörte dem linken Flügel der Grünen an. Er war Mitinitiator der Gruppe *Radikale Linke (RL)*. Die *Radikale Linke* lehnte die Wiedervereinigung [Deutschlands] strikt ab. Zur *Radikalen Linken* gehörte das »*Nie wieder Deutschland*«-Projekt.[323]

Trampert war Mitunterzeichner der Solidaritätserklärung, die den Hungerstreik der Gefangenen der Terrorgruppe *RAF* unterstützte.[324]

Trittin, Jürgen (25.7.1954)

1970er	*Kommunistischer Bund (KB)*
Seit 1980	Mitglied der Grünen
1985-1990	Mitglied des Landtages Niedersachsen
1990-1994	Niedersächsischer Minister für Bundes- und Europaangelegenheiten
1994-1995	Mitglied des Landtages Niedersachsen und stellvertretender Fraktionsvorsitzender der Landtagsfraktion von BÜNDNIS 90/DIE GRÜNEN
1994-1998	Sprecher des Bundesvorstandes von BÜNDNIS 90/DIE GRÜNEN
Seit 1998	Mitglied des Deutschen Bundestages
1998-2005	Bundesminister für Umwelt, Naturschutz und Reaktorsicherheit
2005-2009	Stellvertretender Vorsitzender der Bundestagsfraktion BÜNDNIS 90/DIE GRÜNEN
2009-2013	Vorsitzender der Bundestagsfraktion BÜNDNIS 90/DIE GRÜNEN
Seit 2017	Mitglied im Auswärtigen Ausschuss. Mitglied der Parlamentarischen Versammlung der NATO

Der Grünen-Politiker Jürgen Trittin soll in seinem Amt als Bundesumweltminister ohne Ausschreibung mehrere Aufträge seines Ministeriums an die Wahlkampfagentur der Grünen vergeben haben. Mindestens siebenmal soll er die Agentur »*Zum Goldenen Hirschen*« mit verschiedenen Kampagnen beauftragt haben. Über die Haushaltstitel 1602-54301 soll er sich das Geld besorgt haben. Allerdings stehen ihm diese Gelder nur für »*Aufklärung der Bevölkerung auf den Gebieten Umwelt, Naturschutz und Reaktorsicherheit*« zur Verfügung.[325] Die Agentur *Zum Goldenen Hirschen* konzipierte 2004 alle Landtagswahlkämpfe der Grünen und arbeitete am Wahlkampf für die europäischen Grünen sowie dem Bundestagswahlkampf mit. Außerdem erhielt sie den Rahmenvertrag zur Regierungs-PR des Bundespresseamtes und arbeitete alleine an der Kampagne zur *Agenda 2010* mit einem bisherigen Auftragsvolumen von ca. 14 Mio. Euro.[326] Trittin belastete diesen Bereich aber auch mit einer Rechnung über 30.411,30 Euro für eine Party anlässlich der Abschaltung des Atomkraftwerkes Stade am 14. November 2003.[327]

Einer Rüge des Bundesrechnungshofes sah sich Trittin gegenüber, nachdem er eine Maschine der Flugbereitschaft vom Typ *Challenger* nach Brasilien orderte, wo er sich im Oktober 2003 aufhielt. Üblicherweise dient dieser Flugzeugtyp nur zu Kurzstreckenflügen. Erst als die Maschine schon auf dem Weg war, wurde sie wieder abbestellt. Nach einem Stopp auf Gran Canaria kehrte die Maschine wieder um. Dass dies mit Recherchen eines Nachrichtenmagazins in dieser Sache zu tun habe, wurde allerdings bestritten. Der Bundesrechnungshof erklärte, dass sich der Schaden dieses Leerfluges auf 96.000 Euro belief, natürlich zulasten des Steuerzahlers.[328]

Am 2. Februar 1993 hielt Jürgen Trittin eine Rede auf einer Konferenz des *Goethe Instituts* in London zum Thema *Ausländerfeindlichkeit*. Laut *Handelsblatt* Nr.115 vom 18. Juni 1993, Seite 7, laut *Bild.de* vom 26.November 2017 und laut Eckart von Klaeden *(CDU)* im Deutschen Bundestag am 23. April 1999 (Plenarprotokoll 14/36) soll Trittin in seinem Vortrag erklärt haben, das Deutschland ein »*in allen Gesellschaftsschichten und Generationen rassistisch infiziertes Land*« sei.[329, 330, 331]

In seiner langjährigen Position als Minister für Umwelt, Naturschutz und Reaktorsicherheit nahm Trittin es wohl selbst nicht so genau mit dem Umweltschutz. Er fuhr einen Audi A8 4,2 quattro L (310 PS) mit Allradantrieb. Dieser Wagen verbrauchte im Stadtverkehr zwischen 15 und 17,5 Liter Super. Seinen Staatssekretären standen ein Mercedes S430 (279PS) und zwei BMW735 i (272 PS) zur Verfügung.[332]

Zitat von Jürgen Trittin:

»*Wir brauchen eine Kultur, die Migranten - auch muslimische Migranten - nicht abschreckt.*«

Quelle: Bild.de, 17.10.2010

https://www.bild.de/politik/2010/der-kampf-um-den-bahnhofsneubau-in-stuttgart-teil-2-14330552.bild.html, abgerufen am 23.12.2020

Ein weiteres Zitat von Jürgen Trittin:

»Es bleibt dabei, dass die Förderung erneuerbaren Energien einen durchschnittlichen Haushalt nur rund 1 Euro im Monat kostet- so viel wie eine Kugel Eis.«

Quelle: Pressemitteilung Nr. 231/04 vom 30.07.2004 des Bundesministeriums für Umwelt, Naturschutz und nukleare Sicherheit (BMU) https://www.bmu.de/pressemitteilung/erneuerbare-energien-gesetz-tritt-in-kraft/, abgerufen am 10.10.2020

Ein weiteres Zitat wird Jürgen Trittin zugeschrieben:

Trittin soll erklärt haben, dass Deutschland ein *»in allen Gesellschaftsschichten und Generationen rassistisch infiziertes Land«* sei. (Siehe Vorseite)

Quellen: Deutscher Bundestag, Plenarprotokoll 14/36, 36. Sitzung, 23.04.1999, Seite 2916, https://dip21.bundestag.de/dip21/btp/14/14036.pdf, abgerufen am 10.12.2020; Handelsblatt, Nr. 115, 18.06.1993, Seite 7, https://www.genios.de/document/HB__069318013/hitlist/0?all=, abgerufen am 10.12.2020; Bild.de, Grünen-Provokateur Jürgen Trittin - Meistens hart, aber er kann auch herzlich, 26.11.2017, https://www.bild.de/politik/inland/politik-inland/meistens-hart-aber-er-kann-auch-herzlich-53982734.bild.html, abgerufen am 10.12.2020

Ullmann, Dieter Fritz (1953)

1979	**Vorstandsmitglied und Gründer der *Deutschen Studien- und Arbeitsgemeinschaft Pädophilie (DSAP)***
1981	**Mitglied der *Alternativen Liste***
1981	**Bewerber für die *Alternative Liste* auf der Wahlliste des Bezirks Berlin-Neukölln und**
1985-1987	**Koordinator der grünen *Bundesarbeitsgemeinschaft Schwule, Päderasten und Transsexuelle (BAG SchwuP)***

Dieter Fritz Ullman war nicht nur ein seit 1981 einfaches Mitglied der *AL*, sondern er war auf der Landes- und ab 1985 auch auf Bundesebene bei den Grünen aktiv.[333] Im April 1981 brachte Daniel Cohn-Bandit (BÜNDNIS 90/DIE GRÜNEN), von 1994-2014 EU-Abgeordneter, Ullman als Kandidat für den Deutschen Bundestag ins Spiel:

»Dann kommt nämlich Dieter Ullmann, der jetzt noch im Knast sitzt, in das Berliner Abgeordnetenhaus. Den werden wir zum Bundestagskandidaten machen.«[334] Ullmann saß zu dieser Zeit bereits wegen sexuellen Missbrauchs im Gefängnis.[335]

Ob Ullmann Mitbegründer der *Alternativen Liste (AL)*, dem späteren Berliner Landesverbandes der Grünen, im Jahr 1978 war, ließ sich nicht ermitteln. Allerdings - und das ist belegt - trat er bereits 1981 auf einer Kandidatenliste der *Alternativen Liste* auf.[336]

Zu den Mitbegründern der *Alternativen Liste* im Jahr 1979 gehörten unter anderem Hans-Christian Ströbele (von 2002-2017 Abgeordneter des Deutschen Bundestages für BÜNDNIS 90/DIE GRÜNEN) und Wolfgang Wieland (von 2005 bis 2013 Abgeordneter im Deutschen Bundestag für BÜNDNIS 90/DIE GRÜNEN). Zu den ersten Abgeordneten der *AL* im Berliner Senat 1981-1985 gehörten u.a. Peter Sellin (von 1985 bis 1987 Abgeordneter im Deutschen Bundestag für BÜNDNIS 90/DIE GRÜNEN) und Kordula Schulz-Asche (seit 2013 Abgeordnete im Deutschen Bundestag). Zu den Abgeordneten der *AL* im Berliner Senat 1985-1989 gehörte u.a. Renate Künast (seit 2002 im Deutschen Bundestag). All diese Politiker waren in maßgeblichen Positionen der Partei und unter ihnen der Wahlkandidat für den Berliner Senat und späterer Koordinator der grünen *Bundesarbeitsgemeinschaft Schwule, Päderasten und Transsexuelle (BAG SchwuP)*, Dieter Fritz Ullmann, zu dieser Zeit bereits vorbestraft und in Haft wegen sexuellen Missbrauchs von Minderjährigen.[337]

In der Pädophilendebatte um die Partei BÜNDNIS 90/DIE GRÜNEN stellte sich schnell heraus, dass so gut wie niemand von den zuvor Genannten, den lautstark agierenden Herrn Ullmann, gekannt haben möchte. Stellt sich die Frage warum? Will man heute nicht mehr mit einem wegen sexuellen Missbrauchs an Minderjährigen mehrfach Verurteilen in einem Boot gesessen haben? Oder gibt es weitere Geheimnisse, die noch nicht aufgedeckt wurden? Schließlich handelt es sich bei den zuvor Erwähnten um aktuelle und ehemalige Volksvertreter im Deutschen Bundestag.

Zur Person Dieter Fritz Ullmann ließen sich noch weitere Informationen ermitteln:

Ullmann wurde zwischen 1980 und 1996 mindestens sechsmal wegen sexuellen Missbrauchs von Kindern und anderer Straftaten verurteilt.[338]

1981, als er auf die Wahlliste der *AL* gewählt wurde, hatte er gerade Freigang. Er verbüßte in dieser Zeit in der Justizvollzugsanstalt Berlin-Moabit eine Freiheitsstrafe wegen sexuellen Missbrauchs von Minderjährigen.

1988 wurde er zu einer Freiheitsstrafe von zwei Jahren und sechs Monaten wegen Oralverkehrs und versuchten Analverkehrs mit einem Siebenjährigen verurteilt.[339]

1996 wurde er erneut verurteilt, weil er mit seinem Komplizen Thomas S. Fotos und Videos thailändischer Jungen im Alter zwischen 9 und 14 Jahren bei sexuellen Handlungen angefertigt und diese in Deutschland vertrieben hat. Deswegen und wegen sexuellen Missbrauchs an zwei deutschen Kindern wurde er diesmal zu vier Jahren und zehn Monaten Freiheitsstrafe verurteilt.[340] Laut thailändischen Berichten hätten Ullman und der Computerspezialist Thomas S. 1994 ein Unternehmen gegründet, um pornografisches Material für den Verkauf an Pädophile zu produzieren.Im November 1995 wurden sie festgenommen, nachdem Zollbeamte in Frankfurt pornografisches Material abgefangen hatten, das sie aus Thailand geschickt hatten. Nach Angaben der Staatsanwaltschaft wurden die Jungen in einigen Fällen gefesselt und gefoltert. 12 Jungen wurden bei sexuellen Handlungen mit Erwachsenen fotografiert.[341]

Urban, Hans (19.08.1978)

Seit 2012	**Mitglied bei BÜNDNIS 90/DIE GRÜNEN**
Seit 2014	**Gemeinderat von Eurasburg**
Seit 2018	**Abgeordneter des Bayerischen Landtags**
Seit 2020	**Mitglied im Kreistag von Bad Tölz-Wolfratshausen**

Im Juli 2020 hat das Amtsgericht Wolfratshausen einen Strafbefehl gegen den bayerischen Landtagsabgeordneten von BÜNDNIS 90/DIE GRÜNEN erlassen. Das Gericht folgte damit der Auffassung der Staatsanwaltschaft, dass der Abgeordnete Urban sich 2019 der Nötigung und falschen Verdächtigung schuldig gemacht hat. Der Strafbefehl lautet 10.500 Euro Geldstrafe.[342] Der bayerische Landtag hatte am 25. Juni 2020 die politische Immunität Urbans aufgehoben. Der Beschuldigte Urban soll einen Unfall vorgetäuscht haben.[343]

Volmer, Ludger (17.02.1952)

Seit 1979	Mitbegründer und Mitglied der Partei DIE GRÜNEN
1985-1990	Mitglied des deutschen Bundestages für DIE GRÜNEN
1986	Fraktionssprecher Partei DIE GRÜNEN
1991-1994	Vorstandsvorsitzender Partei DIE GRÜNEN
1994-2005	Mitglied des deutschen Bundestages für BÜNDNIS 90/DIE GRÜNEN
1998-2002	Staatsminister im Auswärtigen Amt
2002-2005	Außenpolitischer Sprecher der Fraktion BÜNDNIS 90/DIE GRÜNEN

Als Staatsminister im Auswärtigen Amt musste der Grünen-Politiker Ludger Volmer einräumen, möglicherweise bezüglich der Nutzung dienstlich erworbener Flugmeilen, gegen Bestimmungen des Deutschen Bundestages verstoßen zu haben. Obwohl Volmer zunächst Vorwürfe in dieser Sache zurückgewiesen hatte, kündigte er in einem Brief an Bundestagspräsident Thierse an, die Kosten für einen Flug seines Sohnes nachträglich zu erstatten. Auch seine Ex-Frau war insgesamt 19 Mal über das Bonusmeilenkonto Volmers geflogen. Diese Flüge wollte der Grünen-Politiker jedoch nicht übernehmen, da er hierin ausschließlich dienstliche Anlässe sehe.[344] 2002 trat der Minister von seinem Amt zurück und gab dafür politische wie private Gründe an.[345]

Zitat von Ludger Vollmer:

»Den Grünen heute geht es nicht mehr um die Bekämpfung struktureller Armut, sondern um die Verschönerung des bürgerlichen Lebens.«

> Quelle: Münchner Merkur, 04.09.2018, Wegen Chemnitz: Grünen-Chefin Baerbock lehnt Wagenknechts „Aufstehen“ ab, https://www.merkur.de/politik/wegen-chemnitz-gruenen-chefin-baerbock-lehnt-wagenknechts-aufstehen-ab-zr-10105366.html, abgerufen am 23.12.2022

Waziri, Miene (ca. 1998)

2014-2015 **Landessprecherin der *Grünen Jugend* Schleswig-Holstein**

2016 **Gewählte Ersatz-Delegierte der Grünen Jugend zum Rat der Europäischen Grünen Partei**

2016 **Delegierte bei der *Europäischen Grünen Partei***

Miene Wazire gehörte an der *Johannes Gutenberg-Universität* in Mainz als stellvertretendes Mitglied der *Kommission zur Untersuchung des Verdachts wissenschaftlichen Fehlverhaltens* an.[358]

Für das Wintersemester 2018/2019 wurde Miene Waziri als Vertreterin der *Linken Liste* zum Mitglied des Senats der *Johannes Guttenberg-Universität* gewählt.[359]

Zitat von Miene Waziri (La_Pensadora_):

»Ich wünschte Deutschland wäre im zweiten Weltkrieg vollständig zerbombt worden. Dieses Land verdient keine Existenzberechtigung.«

Quelle: Twitter, 29. Dezember 2018, 6:35 Uhr.

Wüppesahl, Thomas (09.07.1955)

1978-1987	Mitglied der Partei DIE GRÜNEN
1982-1986	Mitglied der Ratsversammlung von Geesthacht und des Kreistages des Herzogtums Lauenburg
1987-1990	Mitglied des deutschen Bundestages für DIE GRÜNEN
1988	Ausschluss aus der Bundestagsfraktion BÜNDIS 90/DIE GRÜNEN

Wegen des Verdachts der Vorbereitung einer Straftat wurde Thomas Wüppesahl im Oktober 2004 verhaftet.[346] Die Festnahme fand statt, als ein ehemaliger Arbeitskollege ein Fleischerbeil an Wüppesahl übergab.[347]

Wüppesahl soll geplant haben, einen Geldboten in Berlin zu überfallen. Der Bote sollte erschossen und ihm anschließend mit dem Fleischerbeil die Hand abgehackt werden, um an den angeketteten Geldkoffer zu gelangen.[348]

Der Plan war jedoch aufgeflogen, weil der spätere Hauptbelastungszeuge - ein Mitwisser - zur Polizei ging. Dieser habe bei der Polizei ausgesagt, dass Wüppesahl ihn zur Teilnahme an der Tat überreden wollte. Allerdings war dieser nur zum Schein auf das Angebot eingegangen.[349]

Der Prozess begann am 4. März 2005.[350] Am 7. Juli 2005 verurteile das Landgericht Hamburg Wüppesahl wegen der Vorbereitung und des Versuchs der Beteiligung an einem Raubmord zu einer viereinhalbjährigen Freiheitsstrafe.[351] Die anschließende Revision wurde zurückgewiesen und das Urteil somit rechtskräftig.[352]

Nach Verbüßung von zwei Dritteln der Haftstraße wurde Wüppesahl am 22. Oktober 2007 entlassen.[353]

Am 27. Dezember 2006 reichte Wüppesahl beim Europäischen Gerichtshof für Menschenrechte gegen seine Verurteilung Klage ein. Auch diese wurde im Dezember 2010 als unzulässig abgewiesen.[354]

Thomas Wüppesahl: *»Ich wurde von der Justiz gezielt ausgeschaltet, weil ich zu unbequem wurde und vieles im Grundsätzlichen kritisiere.«*[355]

2009 wollte Wüppesahl Bürgermeister seiner Heimatstadt Geesthacht (Kreis Herzogtum Lauenburg) werden. Wenn jemand der wegen eines Verbrechens zu einer Freiheitsstrafe von mehr als einem Jahr verurteit wurde, verliert er für die Dauer von fünf Jahren die Fähigkeit öffentliche Ämter zu bekleiden. Daher wurde aus seiner Kandidatur nichts.[356, 357]

Anonymisiert/DIE GRÜNEN 008

Grünen-Mitglied eines Kreistages in NRW

Grünen-Mitglied eines Stadtrates in NRW

Ein 33-jähriger Politiker der Partei DIE GRÜNEN, später umbenannt in BÜNDNIS 90/DIE GRÜNEN wurde im Oktober 1985 von der Bielefelder Strafkammer zu acht Jahren Haft wegen sexuellen Missbrauchs an einem zweijährigen Mädchen verurteilt. Obwohl er die Tat bestritt, sah das Gericht es als erwiesen an, dass er die kleine Tochter seiner Freundin missbraucht und dabei schwer verletzt hatte.[360]

Der am 28. April 1985 in Haft genommene Ratsherr der Grünen im Stadtrat von Rheda Wiedenbrück soll demnach am 27. April 1985 die zweieinhalbjährige Tochter seiner Freundin sexuell missbraucht und dabei schwer verletzt haben.[361] Laut Zeugen habe das Kind »wie ein getretener Hund gejault«. Das Verbrechen geschah, als die Mutter für eine Stunde das Haus verließ, um Abendessen zu holen. Als die Mutter nach ihrer Rückkehr das Mädchen wickelte, sah sie die blutende Verletzung im Analbereich und rief einen Notarzt. Die Strafkammer stellte später fest, dass nur der Angeklagte [der Grünen-Politiker] das entblößte Kind an sich gepresst und mit seinem erigierten Glied im Analbereich verletzt haben könnte. Dafür spreche auch, dass in der Windel des Kindes Fasern seines Hemdes gefunden wurden. In der Verhandlung wurden acht Zeugen gehört.[362]

In der Berufungsverhandlung beim Bundesgerichtshof wurde das Urteil aufgehoben und 1986 erneut vor der Großen Strafkammer des Bielefelder Landgerichts verhandelt.[363]

Das Urteil lautete viereinhalb Jahre Haft wegen sexuellen Missbrauchs eines Kindes im besonders schweren Fall und entsprach somit dem Antrag des Staatsanwaltes.[364]

Nach unseren Recherchen ist aktuell im Internet nicht einmal mehr der Name des verurteilten Straftäters zu finden, der uns vorliegt. Ebenso wenig gibt es dort Informationen zur Straftat. Uns liegen Pressemeldungen aus den Jahren 1985 und 1986 vor. Insofern stellt sich die

Frage, wie hoch die Zahl der unbekannten Fälle ist, die in der Pädophilen-Debatte der Partei BÜNDNIS 90/DIE GRÜNEN keine Erwähnung finden.

Anonymisiert/BÜNDNIS 90/DIE GRÜNEN 010

Bis 2013	**Mitglied des Gießener Kreistages für BÜNDNIS 90/DIE GRÜNEN**
Bis 2013	**Stellvertretendes Mitglied im Parteirat BÜNDNIS 90/DIE GRÜNEN in Hessen**
Bis 2013	**Büroleiter des Bundestagsabgeordneten Tom Koenigs (BÜNDNIS 90/DIE GRÜNEN)**

Am 8. Oktober 2013 wurde der damalige Büroleiter des Bundestagsabgeordneten Tom Koenigs (BÜNDNIS 90/DIE GRÜNEN) wegen sexuellen Missbrauch von Kindern verhaftet. Die Ermittler gingen davon aus, dass der damals 61-Jährige seit 2007 in mehr als 160 Fällen drei Mädchen und einen Jungen sexuell missbrauchte. Laut Ermittler waren die Kinder in der Tatzeit zwischen sechs und zwölf Jahre alt.[365]

Außerdem wurde zuvor das Wahlkreisbüro des Bundestagsabgeordneten und das Privathaus des Beschuldigten durchsucht. Dabei sollen laut Staatsanwaltschaft und Polizei diverse Beweismittel sichergestellt worden seien.[366]

Anlass der Ermittlungen waren unter anderem zwei Strafanzeigen von Nachbarn, beziehungsweise von früheren Nachbarn, die beim Polizeipräsidium Mittelhessen eingegangen waren. Darin verdächtigten sie den Beschuldigten, Kinder in mehreren Fällen missbraucht sowie Drogen, insbesondere Marihuana, an Minderjährige weitergegeben zu haben.[367]

Im Verlauf der 25 Verhandlungstage fielen einige der Vorwürfe weg, unter anderem, weil der Tatzeitraum eingegrenzt wurde. Von der Schuld des Angeklagten in den übriggebliebenen Fällen (vierzigmal an Kinder vergangen) war das Gericht jedoch überzeugt. Das Gericht konnte »keine vernünftigen Zweifel« erkennen. Der Politiker (zur Tatzeit BÜNDNIS 90/DIE GRÜNEN) wurde wegen sexuellen Missbrauchs von Kindern zu sieben Jahren und zehn Monaten Haft verurteilt.[368]

Der Beschuldigte war neben seiner Tätigkeit als Büroleiter des Bundestagsabgeordneten Tom Koenigs seit Jahren für BÜNDNIS 90/DIE

GRÜNEN kommunalpolitisch aktiv. Neben seinem Mandat im Kreistag des Landkreises Gießen war er auch stellvertretendes Mitglied des Parteirats von BÜNDNIS 90/DIE GRÜNEN in Hessen, dem höchsten Gremium zwischen den Parteitagen.[369]

Am 15. März 2015 hat der Bundesgerichtshof die Revision des Angeklagten als unbegründet verworfen.

Nachfolgend zur beantragten Revision des Beklagten die Mitteilung der Pressestelle des Bundesgerichtshofs.

Bundesgerichtshof

Mitteilung der Pressestelle

Nr. 62/2016

Bundesgerichtshof verwirft Revision gegen Urteil im

Prozess gegen Kreistagsabgeordneten wegen mehrfachen sexuellen Kindesmissbrauchs

Beschluss vom 15. März 2016 – 2 StR 157/15

Das Landgericht Gießen hat den 63-jährigen Angeklagten u.a. wegen mehrfachen sexuellen Missbrauchs von Kindern, schweren sexuellen Missbrauchs von Kindern und mehreren Betäubungsmitteldelikten zu einer Gesamtfreiheitsstrafe von sieben Jahren und zehn Monaten verurteilt.

Nach den Feststellungen des Landgerichts hatte der Angeklagte, der Abgeordneter im Kreistag des Landkreises Gießen, Fraktionsgeschäftsführer der Regional-versammlung und Mitarbeiter im Wahlkreisbüro eines Bundestagsabgeordneten war, über einen Zeitraum von mehr als einem Jahr hinweg zwei Mädchen aus der Nachbarschaft im Alter zwischen sieben und zehn Jahren in insgesamt 40 Fällen sexuell missbraucht. Beide Geschädigte haben sich dem Verfahren als Nebenklägerinnen angeschlossen. Der uneingeschränkt schuldfähige Angeklagte machte sich zunutze, dass die beruflich stark eingespannten Eltern der Nebenklägerinnen glaubten, ihre Kinder seien bei dem hilfsbereiten Angeklagten gut aufgehoben. Die Nebenklägerinnen aßen bei dem Angeklagten gelegentlich zu Mittag, machten dort ihre Hausaufgaben oder schauten Fernsehen. Im spielerischen Zusammenhang kam es allmählich dazu, dass der Angeklagte an beiden Mädchen regelmäßig sexuelle Handlungen vornahm, wobei er den Kindern überdies teilweise pornographisches Bildmaterial zeigte. Für die zwei Jahre ältere Schwester der einen Nebenklägerin erwarb er überdies u.a. mehrfach kleinere Mengen Marihuana, um sich ihre Gunst zu erhalten.

Der 2. Strafsenat des Bundesgerichtshofs hat am 15. März 2016 die auf die Sach- und auf Verfahrensrügen gestützte Revision des Angeklagten als unbegründet verworfen; das Urteil des Landgerichts Gießen ist damit rechtskräftig.

Vorinstanz:

Landgericht Gießen – Urteil vom 17. November 2014 – 1 KLs – 599 Js 28059/13

Karlsruhe, den 24. März 2016

Pressestelle des Bundesgerichtshofs
76125 Karlsruhe
Telefon (0721) 159-5013
Telefax (0721) 159-5501

Die Lobbyverbände in denen Mitglieder und Mandatsträger von BÜNDNIS 90/DIE GRÜNEN aktiv sind oder waren

Die Lobbyverbände in denen Mitglieder und Mandatsträger von BÜNDNIS 90/DIE GRÜNEN aktiv sind oder waren

Atlantik-Brücke e.V.

»Die USA werden von 200 Familien regiert und zu denen wollen wir gute Kontakte haben.« - Arend Oetker, damaliger Vorstandsvorsitzender der *Atlantik-Brücke*.[370]

In der Villa des US-Hochkommissars John McCloy war im August 1949 sein Freund und Berater, der Bankier Eric Warburg, zu Gast. Zwischen ihnen fand eine Unterhaltung über die Zukunft Deutschlands statt. John McCloy, beeinflusst von den zerstörenden Ideen Henry Morgenthaus, der Deutschland in ein Agrarland umwandeln wollte, plädierte für den Abbau der deutschen Industrie. Warburg, 1938 aus Deutschland in die USA emigriert und 1945 als US-Soldat zurückgekehrt, wünschte die Einstellung der Demontage, da sonst *»aus Nachkriegsdeutschland nichts Gutes«* werde. 48 Stunden später stoppte McCloy die Demontage in Deutschland.[371] Aber statt Freiheit hatte nun der menschenverachtende US-Kapitalismus freie Fahrt in das am Boden liegende Deutschland.

1952 wurde daraufhin *The American Council on Germany*[372] und gleichzeitig ihre Schwesterorganisation, die *Atlantik-Brücke*[373], von John J. McCloy *(CFR)* und Eric M. Warburg gegründet.

Von 1957 bis 1970 gab der Verein das englischsprachige Informationsblatt *Meet Germany* für in Deutschland stationierte US-Soldaten heraus.[374]

> **John McCloy:** 1947-1949 Präsident der Weltbank; 1949-1952 US-Hochkommissar im besetzten Deutschland, zwischen 1953 und 1960 Vorstandsvorsitzender von Rockefellers *Chase Manhattan Bank*.[375] Von 1954 bis 1970 war er Vorstandsmitglied des US-amerikanischen *Council on Foreign Relations (CFR)*[376]. McCloy war Teilnehmer bei den Treffen der *Bilderberger* in den Jahren 1957[377], 1958[378], 1960[379], 1962[380], 1964[381], 1965[382], 1966[383].
>
> **Eric M. Warburg:** War Gesellschafter der *M.M.Warburg & CO*, eine der größten deutschen Privatbanken.[384] Seine Ausbildung zum Bankkaufmann führte ihn nach Berlin, Frankfurt

am Main und London, wo er im *Bankhaus N.M. Rothschild & Sons* Erfahrungen sammelte.[385]

Paul Moritz Warburg: (Bruder von Eric Warburg) ist Mitbegründer des *Council on Foreign Relations.*[386]

Sir Siegmund George Warburg: (Neffe von Eric Warburg) begann eine Banklehre bei seinem Onkel Max Warburg und führte seine Ausbildung bei Rothschild in London fort.[387] Er war Teilnehmer bei dem *Bilderberg*-Treffen 1966.[388]

Weitere Gründungsmitglieder waren der Bankier Gotthard Freiherr von Falkenhausen[389], der 1960 bis 1967 Präsident des Vorstandes des Bundesverbandes deutscher Banken war[390] und der Kaufmann Erik Blumenfeld[391], Mitbegründer der *CDU*[392].

Zu den Mitgliedern der *Atlantik-Brücke e. V.* zählen heute über 500 führende Persönlichkeiten aus Bank- und Finanzwesen, Wirtschaft, Politik, Medien und Wissenschaft.[393] Gefördert wird sie u.a. durch Firmen und Institutionen wie der *Deutschen Bank*, dem Privatbankhaus *M.M. Warburg & CO*, der *Nomura Holdings Investment-Bank*, der *Deutschen Bundesbank*, der *DZ Bank* und dem *Auswärtigen Amt.*[394]

Die unmittelbare Nähe einiger Politiker zur Wirtschaft, konspirativen Kräften und mangelnde Transparenz sind Faktoren, welche die *Atlantik-Brücke e. V.* zwielichtig erscheinen lässt.

Von Bedeutung ist letztendlich die enge Verflechtung zu *Bilderbergern* und zur *Trilateralen Kommission*. Hier einige Beispiele:

Walter Leisler Kiep *(CDU)*, Vorsitzender der *Atlantik-Brücke* 1984-2000,[395] war mehrfach Teilnehmer bei *Bilderberg*-Treffen.[396] Er ist außerdem Mitglied des Fördererkreises der Deutschen Gesellschaft für Auswärtige Politik (*DGAP e.V.*)[397]

Arend Oetker, Vorsitzender der *Atlantik-Brücke* 2000-2005[398] und war Mitglied der *Trilateralen Kommission*[399]. Von 2005 bis 2019 war er Präsident der *DGAP e.V.*[400]

Thomas Enders, Vorsitzender der *Atlantik-Brücke* von 2005-2009,[401] ebenfalls mehrfach Teilnehmer bei *Bilderberg*-Treffen[402], Mitglied der *Trilateralen Kommission*[403] und Präsident der *DGAP e.V.* seit 2019.[404]

Friedrich Merz, Vorsitzender der *Atlantik-Brücke* seit 2009,[405] ist Mitglied der *Trilateralen Kommission*[406]. Von 2016 bis 2020 war Merz Aufsichtsratsvorsitzender und Lobbyist für *BlackRock*, dem größten Vermögensverwalter der Welt.[407]

Bei den anderen Vorstandsmitgliedern und dem Kuratorium der *Atlantik-Brücke* spannt sich dieses Netz weiter.

Bilderberger

Der Impuls zur Gründung der *Bilderberg*-Treffen ging von Józef Retinger aus. Er wuchs bei Graf Zamoyski auf und kam früh mit führenden Leuten aus Kultur und Politik in Berührung. Während des Zweiten Weltkrieges beriet er den Ministerpräsidenten der polnischen Exilregierung in England und pflegte außerdem engen Kontakt zu Winston Churchill. Bereits während des Zweiten Weltkrieges hatte Retinger in London Tagungen zwischen Vertretern von Exilregierungen und Außenministern europäischer Staaten organisiert.[408]

Józef Retinger gilt als einer der Väter der Europäischen Union. Er war maßgeblich an der Organisation des Kongresses in Den Haag beteiligt. Dort fiel die Entscheidung, ob Europa ein Staatenbund oder ein Bundesstaat sein würde. Zu den besonderen Teilnehmern auf dieser Konferenz gehörte Prinz Bernhard aus den Niederlanden, der 1954 seinen Platz im Aufsichtsrat des ersten *Bilderberg*-Treffens einnahm und Vorsitzender der *Bilderberger* wurde. Zu den Vätern der *Bilderberg*-Treffen gehörte wiederum Józef Retinger. Die Idee dahinter: mehr in dieser Welt zu vereinen, als nur Europa.[409]

Seit 1954 treffen sich die *Bilderberger* einmal im Jahr in den vornehmsten Hotels der Welt. Die *Bilderberger* bestehen aus rund 130 Köpfen aus der Hochfinanz (gut zwei Drittel), Forschung und Medien Westeuropas, der USA und Kanadas. Man nennt die *Bilderberger* auch die *unsichtbare Weltregierung*.[410]

Zum engsten Kreis der Teilnehmer gehören seit Beginn Bankiers sowie die politischen und militärischen Strategen des nordatlantischen Bündnisses. Als einer der aktivsten Teilnehmer gilt David Rockefeller *(Chase Manhattan Bank)*, welcher bei ca. 20 *Bilderberg*-Treffen anwesend war.

Bekannt ist auch, *»dass auf Anraten David Rockefellers bei einer Bilder-*

berg-Konferenz die Trilaterale Kommission gegründet wurde«.[411]

Weiter heißt es in der *Frankfurter Rundschau*: *»Laut den Memoiren des Ex-US-Botschafters in Berlin, John* [verm. George Crews] *McGhee, kam Bilderberg zudem bei der Mitgestaltung der Römischen Verträge zur Gründung der Europäischen Wirtschaftsgemeinschaft (EWG) eine wichtige Rolle zu.«*[412]

Die *Bilderberger* müssen sich nicht wundern, dass ihnen von der Öffentlichkeit Misstrauen entgegengebracht wird. Selten kommen so viele Hochkaräter und Entscheider aus aller Welt zusammen, um über die Geschicke der Welt zu sprechen. Dazu findet das Ganze hinter verschlossenen Türen statt, ohne gesellschaftlichen Auftrag und nach Regeln, die das Misstrauen zusätzlich unterstützen.

So dürfen Inhalte der Gespräche zwar in groben Zügen nach außen dringen, aber wirklich nur in groben Zügen und nicht überprüfbar. Wenig vertrauensbildend sind zudem dabei die Medien. Zum einen sind einige Vertreter aus den Medien ebenfalls bei diesen Treffen als Teilnehmer anwesend - allerdings nicht um zu berichten - zum anderen ist ein Großteil der Medien daran beteiligt, Kritik als Verschwörungstheorie zu verdammen.

Wenn Rüstungsindustrie, Banken, Milliardäre, Politiker und Medien hinter verschlossenen Türen zusammensitzen und Medien nicht ihrer Aufgabe der Berichterstattung nachkommen dürfen - also der Öffentlichkeit das Recht auf Information vorenthalten wird - dann stimmt dort etwas nicht.

Jürgen Trittin (BÜNDNIS 90/DIE GRÜNEN) hat 2012 am 60. *Bilderberg*-Treffen in Chantilly im US-Bundesstaat Virginia teilgenommen.[413] Joschka Fischer stand 2008 auf der Teilnehmerliste der *Bilderberger*.[414]

European Council on Foreign Relations (ECFR)

Der *ECFR* ist ein pan-europäischer Lobbyverband mit Büros in sieben europäischen Hauptstädten. Der *ECFR* wurde 2007 nach Vorbild des US-amerikanischen *CFR* gegründet. Die Initiative gewann an Dynamik, als der US-amerikanische Philanthrop George Soros, mit dem Kurs der US-amerikanischen Außenpolitik unzufrieden war und seine Zustimmung zu einer großzügigen Spende für die Gründung eines europäischen Think-Tanks machte. Bei der Gründung tauchten nicht die hochkarätigen Namen der anderen Netzwerke auf. *Spiegel international* sprach von einem »*eclectic European all-star team*«.[415] Bei genauer Betrachtung wird deutlich, was wirklich hinter »*vielseitiges europäisches All-Star-Team*« steht:

So finden wir den *Bilderberger*[416] Carl Bildt in der Führungsriege des *ECFRs*.[417] Bildt ist Autor des Netzwerkes *Project Syndikate*[418] und 2020 im Exekutiv-Kommitee der *Trilateralen Kommission*.[419]

Wolfgang Ischinger, Mitglied der *Trilateralen Kommission*,[420] Vorstandsmitglied der *Atlantik-Brücke*,[421] Teilnehmer auf *Bilderberg*-Treffen[422] und Mitglied *ECFR*.[423]

Joschka Fischer stand 2008 auf der Teilnehmerliste der *Bilderberger*[424] und war Gründungs- und Vorstandsmitglied des *ECFR*.[425]

Der Miliardär George Soros ist Mitglied der *Trilateralen Kommission*,[426] Mitglied im *Council on Foreign Relations (CFR)*,[427] *Bilderberger*[428] und Gründer und Vorstand des *ECFR*.[429]

Alexander Graf Lambsdorff ist Vorstandsmitglied bei der *DGAP*[430], Mitglied der *Atlantik-Brücke*,[431] in der *Europa Union Deutschland*[432] und im *ECFR*.[433]

Deutsche Gesellschaft für Auswärtige Politik e.V. (DGAP)

Die 1955 in Zusammenarbeit mit dem *Council on Foreign Relations CFR* gegründete *Deutsche Gesellschaft für Auswärtige Politik e.V., DGAP* (englisch: *German Council on Foreign Relations*) versucht aktiv die außenpolitische Meinungsbildung zu beeinflussen. Die Arbeit der *DGAP* richtet sich an Entscheidungsträger in Politik, Wirtschaft und Verwaltung.[434]

Ebenfalls 1955 wurde von 53 bundesdeutschen Unternehmen ein Förderkreis der *DGAP* gegründet. Die finanzielle Unterstützung aus diesen Reihen fielen deutlich ins Gewicht. Zu den Förderern der *DGAP* gehört die Crème de la Crème der deutschen Industrie und der Banken,[435] wobei die Gelder teilweise über die jeweiligen Konzernstiftungen bereitgestellt wurden. Gelder kamen etwa von der *Deutschen Bank*, der *Open Society Foundations* (George Soros), von dem *Bundesamt für Migration und Flüchtlinge (BAMF)*, von der *Sal. Oppenheim-Stiftung*, der EU-Kommission und der NATO.[436]

Präsident der *DGAP* war von 2005-2018 Arend Oetker,[437] Vorsitzender der *Atlantik-Brücke* 2000-2005,[438] Mitglied der *Trilateralen Kommission*.[439]

Von 2004-2005 war der Privatbankier Dr. Alfred Frhr. von Oppenheim *(Oppenheim jr. & Cie. AG & Co. KGaA)* Präsident der *DGAP.*[440] Oppenheim übergab 1980 dem damaligen Oppositionsführer im Bundestag und späterem Bundeskanzler, Helmut Kohl *(CDU)*, geheim und in bar 1,3 Millionen DM für den Wahlkampf.[441]

Sein Vater, der Bankier Friedrich Carl Freiherr von Oppenheim *(Oppenheim jr. & Cie. AG & Co. KGaA)*, war 1957-1973 Präsident der *Europa-Union Deutschland e.V.*[442]

Europa Union Deutschland e.V.

Die *Europa-Union Deutschland e. V. (EUD)* - gegründet 1946 - ist seit 1947 die deutsche Abteilung der *Union der Europäischen Föderalisten (UEF)*.[443] Treibende Kraft bei der Gründung der *UEF* war der Kommunist Altiero Spinelli, er war Abgeordneter der *Kommunistischen Partei Italiens (PCI)*.[444]

Spinelli im *Manifest von Ventotene* von 1941, in dem er seine Vision eines vereinten Europas beschrieb:

»Die europäische Revolution muss sozialistisch sein ...«[445]

Ziel der *UEF* ist der Ausbau der Europäischen Union (EU) und die Errichtung eines föderalen europäischen Bundesstaates (auch Vereinigte Staaten von Europa genannt).[446]

Finanziert wurde die *UEF* bis in die 1960er Jahre u.a. über das *American Committee for a United Europe (ACUE)* welches vom US-Geheimdienst *Office of Strategic Services (OSS)* - Vorläufer der *CIA* - gelenkt wurde.[447]

Das American Committee on United Europa (ACUE), gegründet 1948, war eine US-amerikanische Organisation , welche die Förderung der europäischen Integration gewährleisten wollte. Das *ACUE* war aufgebaut wie eine Nicht-Regierungs-Organisation (NGO). Geschäftsführer waren der ehemalige Geheimdienstchef des *Office of Strategic Services (OSS)*, William Joseph Donovan und sein Stellvertreter, der ehemalige *CIA*-Direktor Allen Welsh Dulles. Finanziert wurde die *ACUE* insbesondere durch die *Ford-Stiftung* und die *Rockefeller-Stiftung*.[448]

Das Netzwerk der Grünen in Lobbyorganisationen

Name	Deutsche Ges. für auswärtige Politik (DGAP)	European Council on Foreign Relations (ECFR)	Atlantik-Brücke e.V.	Europa-Union Deutschland e.V.	Bilderberger-Konferenzen	American Council on Germany (ACG)
Amtsberg, Luise				Mitglied		
Andresen, Rasmus				Mitglied		
Baerbock, Annalena		Mitglied	Teilnehmerin 2019	Mitglied		
Bayaz, Danyal		Teilnehmer		Mitglied		
Bloss, Michael				Mitglied		
Bogner-Unden, Andrea				Mitglied		
Brantner, Franziska		Führungsmitglied		Mitglied		
Bütikofer, Reinhard	Mitglied			Präsidiumsmitgl.		
Christmann, Anna				Mitglied		
Cramon-Taubadel, Viola von				Mitglied		
Deparnay-Grunenberg, Anna				Mitglied		
Dragos Pancescu				Mitglied		
Ebner, Harald				Mitglied		
Fischer, Joschka		Gründungsmitglied			Teilnehmer 2008?	
Freund, Daniel				Mitglied		
Geese, Alexandra				Mitglied		
Giegold, Sven				Mitglied		
Göring-Eckart, Katrin			-2013			
Hajduk, Anja				Mitglied		
Häusling, Martin				Mitglied		
Keul, Katja				Mitglied		
Kindler, Sven-Christian				Mitglied		
Kotting-Uhl, Sylvia				Mitglied		
Kühn, Chris				Mitglied		
Langensiepen, Katrin				Mitglied		

Das Netzwerk der Grünen in Lobbyorganisationen

Name	Deutsche Ges. für auswärtige Politik (DGAP)	European Council on Foreign Relations (ECFR)	Atlantik-Brücke e.V.	Europa-Union Deutschland e.V.	Bilderberger-Konferenzen	American Council on Germany (ACG)
Lehmann, Sven				Mitglied		
Lindner, Tobias				Mitglied		
Müller, Claudia				Mitglied		
Müller, Kerstin	Mitglied					
Neumann, Hannah				Mitglied		
Nienaß, Niklas				Mitglied		
Nouripour, Omid		Mitglied	Vorstandsmitglied			
Özdemir, Chem		Gründungsmitglied	-2009			Young Leader 2001
Paulus, Jutta				Mitglied		
Paus, Lisa				Mitglied		
Polat, Filiz				Mitglied		
Poppe, Gerd	-2005		-2005			
Reintke, Terry				Mitglied		
Rößner, Tabea				Mitglied		
Roth, Claudia			2005-2010			
Rottmann, Manuela				Mitglied		
Sarrazin, Manuel				Mitglied		
Schmid, Thomas	Mitglied					
Schmidt, Frithjof	Präsidiumsmitg.					
Stumpp, Margit				Mitglied		
Trittin, Jürgen				Mitglied	Teilnehmer 2011	
Vollmer, Antje	Ehrenmitglied					
Zickenheiner, Gerhard				Mitglied		

Umweltschutz -
kein Patent der Grünen?
Alles nur ein Plagiat?

Umweltschutz - kein Patent der Grünen? Alles nur ein Plagiat?

Umweltschutz war zur Zeit der Parteigründung DIE GRÜNEN links. Diese These war und ist sowohl bei Politologen, aktiven Politikern, so wie beim gewöhnlichen Stimmvolk so selbstverständlich, dass sie kaum hinterfragt wurde. Sie ist jedoch falsch. Werfen wir beispielsweise nur einen Blick nach Bitterfeld unter der *SED*-Herrschaft und stellen schnell fest, dass Linke alles andere sind als Umweltschützer. Wie aus der Einleitung ersichtlich, ist Umweltschutz keine Erfindung der Partei DIE GRÜNEN. Betrachten wir DIE GRÜNEN im Parlament mit ihrem Ruf als *Vielflieger*, so hat das sicherlich nichts mit Umweltschutz zu tun.

Auch der Nationalsozialismus war wie bereits erwähnt, nicht der Ursprung des Naturschutzes. Die Nationalsozialisten waren allerdings jene, die den Naturschutz gesetzlich verankert haben.

1941 veröffentlichte die *Zeitschrift für Erdkunde* eine Abhandlung von Hermann Flohn mit dem Titel *Die Tätigkeit des Menschen als Klimafaktor*. Flohn war 1941 ein international renommierter deutscher Meteorologe und Klimatologe, sowie Regierungsrat beim Wetterdienst beim Oberkommando der Luftwaffe. Flohn schrieb:

»Wir sehen also, daß mit ziemlich hoher Wahrscheinlichkeit der Gehalt der gesamten Atmosphäre an Kohlensäure [Das Gas CO_2 wurde umgangssprachlich oft ungenau als Kohlensäure bezeichnet] und feinsten Schwebeteilchen - den Kernen - durch die Industrielle Tätigkeit des Menschen, aber auch durch Maßnahmen auf primitiver Kulturstufe ständig zunimmt. Diese Erscheinung bewirkt für das Klima der ganzen Erde eine allmähliche Änderung, die zwar sehr langsam vor sich geht und sich in den verschiedenen Zonen auch wahrscheinlich verschieden auswirkt, deren Auswirkung jedoch bereits jetzt zum Teil festgestellt werden kann.«

Flohn sah nicht die alleinige Ursache der Klimaänderung nicht beim Menschen:

»Die bisherige Strahlungsmessungen erlauben noch keine Schlüsse auf fortschreitende säkulare Änderungen: in ihnen tritt nur eindeutig der jahrelang anhaltende Einfluß großer Vulkanausbrüche (z.B. Katmai 1912) zutage.«[449]

Soweit die Ausführungen von Hermann Flohn.

Nur drei Jahre später ließen alliierte Bomber deutsche Großstädte durch Flächenbombardements in Flammen aufgehen und sorgten für einen gewaltigen Anstieg des CO_2-Gehaltes in der Luft.

Wasser-, Windkraft und Wasserstoff

Am Abend des 2. August 1941 machte der damalige Reichskanzler im FHQ einmal mehr deutlich, wie viel Grün in den Braunen steckte:

»Das Wasser rinnt, man braucht sich nur eine Stufe zu bauen und hat, was man braucht. Während die Kohle eines Tages zu Ende geht, ist das Wasser immer neu da. Das kann man alles ganz anders auswerten als jetzt. Man kann Stufe hinter Stufe bauen und das kleinste Gefälle nutzbar machen. Grundsätzlich soll sich in Zukunft jeder Bauer, der geeignete Verhältnisse hat, einen Windmotor anschaffen. Für die Zukunft sind sicher: Wasser, Wind und Gezeiten. Als Heizkraft wird man wahrscheinlich Wasserstoffgas verwenden.«

Man könnte meinen, solche Aussagen waren Ausrutscher. Das es nicht so war, belegt die parteieigene Schriftenreihe mit dem Heft Nr. 38 von 1933 mit dem Titel *Technik und Wirtschaft im Dritten Reich* von Dr.-Ing. Franz Lawaczeck. Hier einige Auszüge:[450]

Umwälzungen der Energiewirtschaft

»Die volkswirtschaftlich wichtigste Aufgabe ist die Stillung des Energiehungers [...] Der Bedarf kann gedeckt werden durch Wasser, Wind und Kohle.«

Kohle

»Kohle direkt zu verbrennen ist außerdem volkswirtschaftlich falsch, da sie nicht nur als Brennstoff betrachtet werden darf, sondern als unser wichtigster Rohstoff, der den Ausgangspunkt für sehr wertvolle Produkte bildet. Kohle muß gefördert und an den Verbrauchsort transportiert werden.

Ihre Darbietung ist mit dauernden Betriebskosten belastet.«

Wasser und Wind

»Wasser und Wind als Energiequellen gestatten hingegen einen sehr guten Wirkungsgrad und zwar rund 80%. Beide werden von der Natur unmittelbar ausnutzbar kostenlos geboten«

»Den kostenfreien Wind in Windrädern ausnutzen, brächte wichtige

Förderung der Energiewirtschaft, jedoch nicht nach dem Vorbild der alten Windmühlen, sondern durch neue Großmittel: Windräder von wenigstens 1000 kW Leistung wären für wirtschaftlichen Betrieb erforderlich.«

Wasserstoff

»Die Umstellung auf Wasserstoff wird eine neue Blüte der Industrie hervorrufen, die gegenüber dem Ausland einen sehr beträchtlichen Vorsprung erreichen wird, den auszunutzen unser Bestreben sein muß.«[450]

Zeitschrift für Erdkunde
Neue Folge der Geographischen Wochenschrift
Verlag Moritz Diesterweg, Frankfurt am Main

Nationalsozialistische Bibliothek / Heft 38
Herausgeber: Gottfried Feder, M. d. R.
Technik und Wirtschaft im Dritten Reich
Ein Arbeitsbeschaffungsprogramm
Von
Dr.-Ing. Franz Lawaczeck
3. Auflage
11.–13. Tausend
1933
Verlag Frz. Eher Nachf., G. m. b. H., München 2, NO.

Windkraftanlagen in den 1930er/1940er Jahren

In den 1930er/1940er Jahren nahmen die Bestrebungen auf dem Gebiet der Windkrafttechnik enorm zu. Ausschlaggebend waren sicherlich auch der Wunsch Deutschlands nach Unabhängigkeit von herkömmlichen Treibstoffen und Energieimporten.

Am 13. Oktober 1939 nahm die neu geschaffene *Reichsarbeitsgemeinschaft »Windkraft« (RAW)* ihre Arbeit auf, in der sich namhafte Wissenschaftler, Techniker und Industriefirmen zusammenfanden.

In den Folgejahren entstanden mehr und mehr Pläne für Windkraftanlagen, die einen Vergleich mit heutigen Windkraftanlagen nicht scheuen müssen. Laut Berechnungen wäre eine Anlage mit einem 130 Meter großen Rotor in der Lage gewesen, eine Nennleistung von 10 Megawatt zu leisten. Zum Vergleich liegt die Leistung der Windkraftanlagen im Jahre 2015 in Deutschland rund 7,5 Megawatt und messen maximal 199 Meter. Aufgrund des fortgeschrittenen Krieges im Jahr 1942 konnte dieses Projekt der *RAW* nicht weiter umgesetzt werden.

Ebenso wenig konnte aus diesem Grund das Projekt des deutschen Stahlbauingenieurs Hermann Honnef umgesetzt werden, der auf einem gigantischen Gitterturm bis zu fünf Windrotoren mit einem Durchmesser von jeweils 160 Metern anbringen wollte. Hiermit sollte eine Leistung von 20 Megawatt erzielt werden.[451]

Ein nennenswertes Projekt, auf das sich die Arbeit der *RAW* unter anderem konzentrierte, war das des Ingenieurs Franz Kleinhenz. Er trat 1937 mit Plänen für eine große Windkraftanlage an die Öffentlichkeit. Er konnte namhafte Wissenschaftler und Industriefirmen für die Mitarbeit an diesem Projekt gewinnen. Mit der *Maschinenfabrik Augsburg-Nürnberg (MAN)* konkretisierte er seine Pläne. Auch wenn das Projekt 1942 bis zur Baureife gediehen war, verhinderten auch hier die Kriegsereignisse die Realisierung.[452]

Foto: Buchcover, Walter Schieber, Energiequelle Windkraft, Verlag Fackelträger, Berlin 1942

Aus der Richtlinie der »*Reichsarbeitsgemeinschaft „Windkraft“*« vom 20. Oktober 1939:

»*1. Die Reichsarbeitsgemeinschaft „Windkraft“hat die Aufgabe der Erforschung und Bearbeitung aller Fragen, die sich auf die Ausnützung der Windkraft als Energiequelle für allgemeinwirtschaftliche Zwecke beziehen. Sie beruht auf freiwilliger und ehrenamtlicher Arbeit der Mitglieder. Ihre Arbeit dient dem Allgemeinwohl im Sinne nationalsozialistischer Wirtschaftsführung. Sie schließt die Verfolgung eigener oder privater wirtschaftlicher Interessen auf diesem Gebiete aus.*«[453]

Die Erbauer von Windkraftanlagen wurden häufig als Idealisten abgetan. Die Pläne wichen in der Nachkriegszeit der Entwicklung hin zum Atomstrom.

Das Reichsnaturschutzgesetz von 1935

»*Die Denkmäler der Kunst, der Geschichte und der Natur sowie die Landschaft genießen den Schutz und die Pflege des Staates.*«

Mit diesem einen Satz wurde der Naturschutz bereits in der Weimarer Verfassung (Artikel 150) verankert.

Erstmals in Deutschland hat das Reichsnaturschutzgesetz der Nationalsozialisten vom 26. Juni 1935 (RGBl. I. S. 821) die amtlichen Belange des Naturschutzes geregelt. Es definierte Schutzzonen und führte den Begriff des Landschaftsschutzgebietes ein. Auch wurde der Artenschutz für Pflanzen und nicht zu jagende Tiere damit erstmals gesetzlich festgeschrieben.

Die aufgrund dieses Gesetzes ausgewiesenen Schutzgebiete gehören mit zu den ältesten Deutschlands und bestehen in den Grundzügen teils bis heute.

Das Reichsgesetzblatt, Teil 1, 1935, Nr. 68, §1 regelt den Gegenstand des Naturschutzes:

»*Das Reichsnaturschutzgesetz dient dem Schutze und der Pflege der heimatlichen Natur in allen ihren Erscheinungen. Der Naturschutz im Sinne dieses Gesetzes erstreckt sich auf:*

a) Pflanzen und nicht jagdbare Tiere,

b Naturdenkmale und ihre Umgebung,

c) Naturschutzgebiete,

d) sonstige Landschaftsteile in der freien Natur,

deren Erhaltung wegen ihrer Seltenheit, Schönheit, Eigenart oder wegen ihrer wissenschaftlichen, heimatlichen, forst- oder jagdlichen Bedeutung im allgemeinen Interesse liegt.«[454] (Das vollständige *Reichsnaturschutzgesetz* befindet sich im Dokumentenanhang)

Das Tierschutzgesetz von 1933

Neben dem Naturschutz war auch der Tierschutz im Nationalsozialismus ein wichtiges Thema. Das nationalsozialistische Tierschutzgesetz vom 24. November 1933 war das erste, das für das gesamte Deutsche Reich galt und gehörte zu den zentralen frühen Gesetzgebungsmaßnahmen der Anfangszeit des Dritten Reiches. Das bis dahin gültige Reichsstrafgesetzbuch (RStGB) vom 5. Mai 1871 bestrafte nicht die Tiermisshandlung als solche, sondern nur öffentliches Ärgernis daran.

Vor der Regierungsübernahme der Nationalsozialisten schlug die NSDAP 1932 ein Verbot der Vivisektion von Tieren vor. Am 16. August 1933 verbot Hermann Göring (NSDAP und preußischer Ministerpräsident) die »Vivisektion an Tieren aller Art für das gesamte preußische Staatsgebiet« per Erlass. »Vivisektion« ist das Zergliedern an lebenden Tieren. Das Reichstierschutzgesetz wurde am 24. November 1933 verabschiedet und findet sich im Reichsgesetzblatt, Teil 1, 1933, Nr. 132, vom 25. November 1933, Seiten 987-989.

Tierquälerei wurde im nationalsozialistischen Deutschland gemäß §§ 1, 9 Abs. 1 mit Gefängnisstrafe bis zu zwei Jahren bestraft. In der Zeit von 1933 bis 1941 gab es 25.537 Verurteilungen.

Im Reichstierschutzbund wurden rund 700 deutsche Tierschutzvereine zusammengefasst und dieser wurde mit jährlich 30.000 Reichsmark (ca. 180.000 Euro) aus dem Etat der Präsidialkanzlei unterstützt.

Das Reichstierschutzgesetz blieb in der Bundesrepublik Deutschland bis 1972 gültig.

(Das vollständige *Tierschutzgesetz* befindet sich im Dokumentenanhang)

Mülltrennung und -wiederverwertung im Nationalsozialistischen Deutschland

Die Nutzbarmachung von Abfällen, somit die Überführung von ungenutzter Altstoffe in verwertbarer Rohstoffe und die Mülltrennung an sich, sind ebenfalls alte Ideen. Dies waren aber nicht nur Ideen, denn bereits mit Antritt der nationalsozialistischen Regierung im Jahr 1933 wurden Abfälle wieder in den wirtschaftlichen Kreislauf zurückgeführt.[455] Die Überlegung, wertvolle Ressourcen zu nutzen, um nationalstaatlich unabhängig von ausländischen Rohstoffen zu sein, spielte auch eine Rolle.[456] Nicht zuletzt wegen der Wirtschaftskrise von 1929 stellte sich die Wirtschaftspolitik Deutschlands auf eine Innenorientierung um, die die hohe Weltmarktabhängigkeit reduzieren sollte.

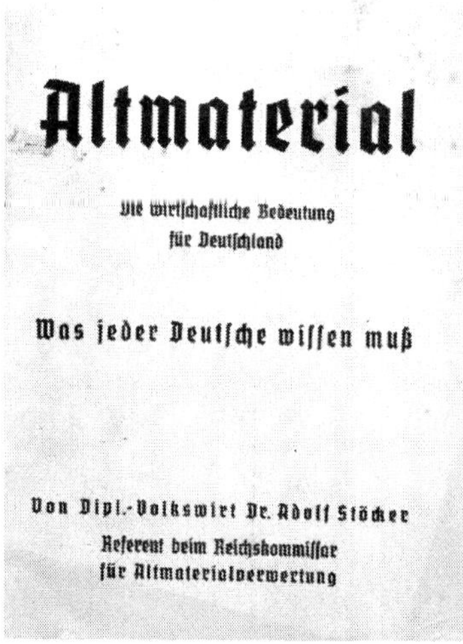

1936 begann eine zentral gesteuerte Abfallwirtschaft und 1937 wurde eine selbständige Dienststelle des Reichskommissars für Altmaterialverwertung geschaffen. Damit sollten Strukturen geschaffen werden, um kontinuierliche und fachkundige Sammlungen von Alt- und Abfallstoffen zu gewährleisten.[457] Laut Anordnung sollten Gemeinden mit mehr als 35.000 Einwohnern eine möglichst restlose Müllsortierung vornehmen.[458] Küchen- und Nahrungsmittelabfälle sollten der Tierfütterung zur Verfügung gestellt werden,[459] die Kampagne *Kampf dem Verderb* wurde ins Leben gerufen.[460] Tuben wurden eingesammelt und der Materialwirtschaft wieder zugeführt. Zahnpastatubenhersteller vermerkten auf den Verpackungen den Hinweis Tuben nicht wegzuschmeißen. An einigen Kiosken standen sogenannte *Tubenschlucker*.[461]

Altpapiersammlungen besorgten Rohstoffe für Packpapier und Pappen, dazu war es 1937 gelungen, Altpapier als Rohstoff in der Kunststoffindustrie einzusetzen. Auf diesem Wege wurde die Holzeinfuhr in den Jahren von 1929 bis 1938 mehr als halbiert.[462] Von Beginn des *Vierjahresplans* an konnte die Altpapiersammlung von 650.000 t auf 1.000.000 t gesteigert werden.[463]

Ebenfalls 1937 startete die Kampagne *Entrümpelung von Landschaft und Dorf*,[464] wovon insbesondere herrenloser Güter betroffen waren. 1938 gab es eine groß angelegte Eisensammelaktion, bei der die SA Schrottreserven in Haus, Hof und Gelände eingesammelt hat.[465]

In Zahlen brachte eine Sammlung in Hamburg 1939 rund 1.900 t Altmetall im Wert von 3 Millionen Reichsmark ein. Die gesammelten Dosenabfälle beliefen sich 1938 auf rund 35.000 t.[466]

Dokumentenanhang

Reichsgesetzblatt

Teil I

1935	Ausgegeben zu Berlin, den 1. Juli 1935	Nr. 68

Reichsnaturschutzgesetz.

Vom 26. Juni 1935.

Heute wie einst ist die Natur in Wald und Feld des deutschen Volkes Sehnsucht, Freude und Erholung.

Die heimatliche Landschaft ist gegen frühere Zeiten grundlegend verändert, ihr Pflanzenkleid durch intensive Land- und Forstwirtschaft, einseitige Flurbereinigung und Nadelholzkultur vielfach ein anderes geworden. Mit ihren natürlichen Lebensräumen schwand eine artenreiche, Wald und Feld belebende Tierwelt dahin.

Diese Entwicklung war häufig wirtschaftliche Notwendigkeit; heute liegen die ideellen, aber auch wirtschaftlichen Schäden solcher Umgestaltung der deutschen Landschaft klar zutage.

Der um die Jahrhundertwende entstandenen „Naturdenkmalpflege" konnten nur Teilerfolge beschieden sein, weil wesentliche politische und weltanschauliche Voraussetzungen fehlten; erst die Umgestaltung des deutschen Menschen schuf die Vorbedingungen für wirksamen Naturschutz.

Die deutsche Reichsregierung sieht es als ihre Pflicht an, auch dem ärmsten Volksgenossen seinen Anteil an deutscher Naturschönheit zu sichern. Sie hat daher das folgende

Reichsnaturschutzgesetz

beschlossen, das hiermit verkündet wird:

I. Abschnitt

Anwendungsbereich des Gesetzes

§ 1

Gegenstand des Naturschutzes

Das Reichsnaturschutzgesetz dient dem Schutze und der Pflege der heimatlichen Natur in allen ihren Erscheinungen. Der Naturschutz im Sinne dieses Gesetzes erstreckt sich auf:

a) Pflanzen und nichtjagdbare Tiere,

b) Naturdenkmale und ihre Umgebung,

c) Naturschutzgebiete,

d) sonstige Landschaftsteile in der freien Natur,

deren Erhaltung wegen ihrer Seltenheit, Schönheit, Eigenart oder wegen ihrer wissenschaftlichen, heimatlichen, forst- oder jagdlichen Bedeutung im allgemeinen Interesse liegt.

§ 2

Pflanzen und Tiere

Der Schutz von Pflanzen und nichtjagdbaren Tieren erstreckt sich auf die Erhaltung seltener oder in ihrem Bestande bedrohter Pflanzenarten und Tierarten und auf die Verhütung mißbräuchlicher Aneignung und Verwertung von Pflanzen und Pflanzenteilen oder Tieren (z. B. durch Handel mit Schmuckreisig, Handel oder Tausch mit Trockenpflanzen, Massenfänge und industrielle Verwertung von Schmetterlingen oder anderen Schmuckformen der Tierwelt).

§ 3

Naturdenkmale

Naturdenkmale im Sinne dieses Gesetzes sind Einzelschöpfungen der Natur, deren Erhaltung wegen ihrer wissenschaftlichen, geschichtlichen, heimat- und volkskundlichen Bedeutung oder wegen ihrer sonstigen Eigenart im öffentlichen Interesse liegt (z. B. Felsen, erdgeschichtliche Aufschlüsse, Wanderblöcke, Gletscherspuren, Quellen, Wasserläufe, Wasserfälle, alte oder seltene Bäume).

§ 4

Naturschutzgebiete

(1) Naturschutzgebiete im Sinne dieses Gesetzes sind bestimmt abgegrenzte Bezirke, in denen ein besonderer Schutz der Natur in ihrer Ganzheit (erdgeschichtlich bedeutsame Formen der Landschaft, natürliche Pflanzenvereine, natürliche Lebensgemeinschaften der Tierwelt) oder in einzelnen ihrer Teile (Vogelfreistätten, Vogelschutzgehölze, Pflanzenschonbezirke u. dgl.) aus wissenschaftlichen, geschichtlichen, heimat- und volkskundlichen Gründen oder wegen ihrer landschaftlichen Schönheit oder Eigenart im öffentlichen Interesse liegt.

(2) Reichs- oder staatseigene Bezirke von überragender Größe und Bedeutung (Reichsnaturschutzgebiete — § 18) können ganz oder teilweise ausschließlich für Zwecke des Naturschutzes in Anspruch genommen werden.

§ 5

Sonstige Landschaftsteile

Dem Schutze dieses Gesetzes können ferner unterstellt werden sonstige Landschaftsteile in der freien Natur, die den Voraussetzungen der §§ 3 und 4 nicht entsprechen, jedoch zur Zierde und zur Belebung des Landschaftsbildes beitragen oder im Interesse der Tierwelt, besonders der Singvögel und der Niederjagd, Erhaltung verdienen (z. B. Bäume, Baum- und Gebüschgruppen, Raine, Alleen, Landwehren, Wallhecken und sonstige Hecken, sowie auch Parke und Friedhöfe). Der Schutz kann sich auch darauf erstrecken, das Landschaftsbild vor verunstaltenden Eingriffen zu bewahren.

§ 6

Beschränkungen

Durch den Naturschutz dürfen Flächen, die ausschließlich oder vorwiegend Zwecken

der Wehrmacht,

der wichtigen öffentlichen Verkehrsstraßen,

der See- und Binnenschiffahrt oder

lebenswichtiger Wirtschaftsbetriebe

dienen, in ihrer Benutzung nicht beeinträchtigt werden.

II. Abschnitt

Naturschutzbehörden und Naturschutzstellen

§ 7

Naturschutzbehörden

(1) Naturschutzbehörden sind:

a) der Reichsforstmeister als oberste Naturschutzbehörde für das ganze Reich,

b) die höheren sowie die unteren Verwaltungsbehörden für ihren Bezirk.

(2) Der Reichsforstmeister trifft die Anordnungen auf Grund dieses Gesetzes, soweit sie in den Geschäftsbereich eines anderen Reichsministers übergreifen, im Einvernehmen mit diesem. Er kann einzelne der ihm nach diesem Gesetz zustehenden Befugnisse auf die nachgeordneten Naturschutzbehörden übertragen.

(3) Der Reichsforstmeister bestimmt im Einvernehmen mit den obersten Landesbehörden, welche Behörden als höhere und untere Verwaltungsbehörden im Sinne dieses Gesetzes anzusehen sind.

§ 8

Naturschutzstellen

(1) Zu ihrer fachlichen Beratung richtet jede Naturschutzbehörde eine Stelle für Naturschutz ein. Zu den allgemeinen Aufgaben der Stellen für Naturschutz gehören u. a.:

a) Ermittlung, wissenschaftliche Erforschung, dauernde Beobachtung und Überwachung der im § 1 genannten Teile der heimatlichen Natur,

b) Feststellung der Sicherungsmaßnahmen; Anregung der Beteiligten zum Schutze ihrer Naturdenkmale und sonstiger erhaltenswerter Bestandteile der heimatlichen Natur,

c) Förderung des allgemeinen Verständnisses für den Naturschutzgedanken.

(2) Die Reichsstelle für Naturschutz berät die oberste Naturschutzbehörde in allen Angelegenheiten des Naturschutzes und hat für die einheitliche Wirksamkeit der übrigen Naturschutzstellen zu sorgen. Zu ihren Aufgaben gehören auch die Wahrnehmung der deutschen Interessen im internationalen Naturschutz sowie die Überwachung des Beringungswesens, soweit nichtjagdbare Vögel in Betracht kommen.

(3) Bis zu ihrer Errichtung werden die Aufgaben der Reichsstelle der Staatlichen Stelle für Naturdenkmalpflege in Preußen übertragen.

§ 9

Einrichtung der Naturschutzstellen

(1) Die Reichsstelle untersteht der obersten Naturschutzbehörde unmittelbar. Ihre Zusammensetzung und Leitung wird durch die oberste Naturschutzbehörde bestimmt.

(2) Die Zusammensetzung und Leitung der übrigen Naturschutzstellen wird durch die nächsthöhere Naturschutzbehörde nach Anhörung ihrer Naturschutzstelle bestimmt.

§ 10

Naturschutzbeirat

Der Reichsstelle für Naturschutz steht ein Naturschutzbeirat zur Seite, dessen Mitglieder die oberste Naturschutzbehörde beruft.

III. Abschnitt

Schutz von Pflanzen und Tieren

§ 11

(1) Die oberste Naturschutzbehörde kann für den ganzen Umfang oder einen Teil des Reichsgebiets Anordnungen nach § 2 erlassen. Aufwendungen irgendwelcher Art können durch derartige Anordnungen nicht gefordert, dagegen kann die Verpflichtung zur Duldung von Schutz- und Erhaltungsmaßnahmen auferlegt werden, soweit dem Eigentümer hierdurch keine wesentlichen Nachteile entstehen.

(2) Die ergehenden Anordnungen gelten, soweit darin nichts anderes bestimmt ist, gegenüber jedermann.

(3) Die Durchführung der Anordnungen liegt den Naturschutzbehörden und den von ihnen beauftragten Behörden ob.

IV. Abschnitt

Naturdenkmale und Naturschutzgebiete

§ 12

Listenführung

(1) Bei der unteren Naturschutzbehörde wird eine amtliche Liste der Naturdenkmale (Naturdenkmalbuch) geführt. Durch Eintragung in die Liste erhalten die darin bezeichneten Gegenstände und Bodenteile den Schutz dieses Gesetzes.

(2) Bei der obersten Naturschutzbehörde wird, vorbehaltlich der Bestimmung des § 18, eine amtliche Liste der Naturschutzgebiete (Reichsnaturschutzbuch) geführt. Durch Eintragung in die Liste erhalten die darin bezeichneten, auf beigefügten Karten umgrenzten Flächen den Schutz dieses Gesetzes.

§ 13

Eintragung

(1) Die Eintragung eines Naturdenkmals, gegebenenfalls samt der zu seiner Sicherung notwendigen Umgebung, in das Naturdenkmalbuch verfügt die untere Naturschutzbehörde auf Vorschlag oder nach Anhörung der zuständigen Naturschutzstelle. Die Verfügung bedarf der Zustimmung der höheren Naturschutzbehörde.

(2) Die Eintragung eines Naturschutzgebiets in das Reichsnaturschutzbuch verfügt die oberste Naturschutzbehörde auf Vorschlag oder nach Anhörung der Reichsstelle für Naturschutz.

§ 14

Löschung

(1) Die Löschung der Eintragung eines Naturdenkmals kann auf Antrag oder von Amts wegen durch die für die Eintragung zuständige Behörde nach Anhörung der Naturschutzstelle erfolgen. Sofern diese gegen die Löschung Einspruch erhebt, entscheidet die höhere Naturschutzbehörde nach Anhörung ihrer Naturschutzstelle.

(2) Die Eintragung eines Naturschutzgebiets kann auf Antrag oder von Amts wegen von der obersten Naturschutzbehörde nach Anhörung der Reichsstelle für Naturschutz gelöscht werden.

§ 15

Schutz- und Erhaltungsmaßnahmen

(1) Besondere Schutz- und Erhaltungsmaßnahmen für eingetragene Naturdenkmale werden durch Anordnung der unteren Naturschutzbehörde geregelt. Für Naturschutzgebiete gelten in jedem Einzelfalle besondere Bestimmungen, die von der obersten Naturschutzbehörde oder mit deren Zustimmung von der höheren Naturschutzbehörde erlassen werden.

(2) Die notwendigen Schutz- und Erhaltungsmaßnahmen für eingetragene Naturdenkmale und Naturschutzgebiete muß der Eigentümer, Besitzer, Erbbau- oder Nutzungsberechtigte des Grundstücks und jeder, dem ein Recht an dem Grundstück zusteht, nach den Anordnungen der zuständigen Naturschutzbehörde dulden. Die Durchführung der Maßnahmen erfolgt nötigenfalls durch polizeilichen Zwang. Dem Eigentümer oder sonst Betroffenen bleibt es unbenommen, die erforderlichen Schutz- und Erhaltungsmaßnahmen auf eigene Kosten selbst auszuführen.

(3) Bestehen oder entstehen gegen Dritte Ansprüche aus dem Eigentum, dem Besitz oder der Nutzung des Naturdenkmals, so können diese Ansprüche von der zuständigen Naturschutzbehörde verfolgt werden, wenn der Berechtigte hierzu nicht bereit ist oder die Geltendmachung ungebührlich verzögert. Der Berechtigte ist nicht befugt, über diese Ansprüche ohne Genehmigung der Naturschutzbehörde zu verfügen.

§ 16

Verbot von Veränderungen

(1) Es ist verboten, ein eingetragenes Naturdenkmal ohne Genehmigung der zuständigen Naturschutzbehörde zu entfernen, zu zerstören oder zu verändern. Entsprechendes gilt für seine geschützte Umgebung.

(2) Es ist verboten, in einem eingetragenen Naturschutzgebiet unbeschadet der dafür im Einzelfall nach § 15 Abs. 1 getroffenen besonderen Bestimmungen und der bisherigen Benutzungsart ohne Genehmigung der obersten Naturschutzbehörde Veränderungen vorzunehmen.

§ 17

Untersuchung und einstweilige Sicherstellung

(1) Den Naturschutzbehörden und den Naturschutzstellen sowie ihren Beauftragten ist der Zutritt zu einem Grundstück zum Zwecke solcher Erhebungen zu gestatten, die der Ermittlung, Erforschung oder der Erhaltung der im § 1 genannten Gegenstände dienen.

(2) Die Duldung des Zutritts ist nötigenfalls durch polizeilichen Zwang herbeizuführen.

(3) Zur einstweiligen Sicherstellung eines Naturdenkmals oder eines Naturschutzgebiets sind die Naturschutzbehörden berechtigt, den Beginn oder die Weiterführung von Veränderungen oder Beseitigungen zu untersagen und nötigenfalls zu verhindern.

§ 18

Reichsnaturschutzgebiete

(1) Der Reichsforstmeister kann im Einvernehmen mit den beteiligten Fachministern im Reichs- oder Staatseigentum stehende Flächen, die den Voraussetzungen des § 4 entsprechen, im Verordnungswege zu Reichsnaturschutzgebieten erklären.

(2) Grundflächen, die von einem Reichsnaturschutzgebiet umschlossen werden oder daran angrenzen, können enteignet werden, wenn dies für Zwecke des Naturschutzes erforderlich ist.

(3) Um die Beschaffung des nach Abs. 2 erforderlichen Landes zu sichern und die im Zusammenhang damit notwendige Landbeschaffung für die Umsiedlung durchzuführen, wird im Reichsforstamt eine Reichsstelle für Landbeschaffung gebildet. Der Leiter der Reichsstelle wird durch den Reichsforstmeister im Einvernehmen mit dem Reichsminister für Ernährung und Landwirtschaft bestellt und abberufen.

(4) Für die Landbeschaffung und Umsiedlung finden bis zum Inkrafttreten des Reichsenteignungsgesetzes die Vorschriften des Gesetzes über die Landbeschaffung für Zwecke der Wehrmacht vom 29. März 1935 (Reichsgesetzbl. I S. 467) entsprechende Anwendung.

V. Abschnitt

Pflege des Landschaftsbildes

§ 19

Schutz von Landschaftsteilen

(1) Die oberste und mit ihrer Ermächtigung die höhere oder untere Naturschutzbehörde kann im Benehmen mit den beteiligten Behörden Anordnungen im Sinne des § 5 treffen.

(2) Die Anordnungen können sich auf die Landschaft selbst beziehen, soweit es sich darum handelt, verunstaltende, die Natur schädigende oder den Naturgenuß beeinträchtigende Änderungen von ihr fernzuhalten.

§ 20

Beteiligung der Naturschutzbehörden

Alle Reichs-, Staats- und Kommunalbehörden sind verpflichtet, vor Genehmigung von Maßnahmen oder Planungen, die zu wesentlichen Veränderungen der freien Landschaft führen können, die zuständigen Naturschutzbehörden rechtzeitig zu beteiligen.

VI. Abschnitt

Strafvorschriften

§ 21

Strafbare Handlungen

(1) Mit Gefängnis bis zu zwei Jahren oder mit Geldstrafe oder mit Haft wird bestraft, wer vorsätzlich den im § 16 zur Erhaltung von Naturdenkmalen und Naturschutzgebieten enthaltenen Verboten oder den auf Grund der Bestimmungen

a) des § 11 Abs. 1 Satz 1 zum Schutze von Pflanzen und Tieren,

b) des § 15 Abs. 1 Satz 2 für Naturschutzgebiete,

c) des § 19 Abs. 1 zum Schutze von Landschaftsteilen

von der obersten Naturschutzbehörde erlassenen Anordnungen zuwiderhandelt.

(2) Mit Geldstrafe bis zu 150 Reichsmark oder mit Haft wird bestraft, wer fahrlässig den im Abs. 1 genannten Verboten oder Anordnungen, oder wer den auf Grund der Bestimmungen

a) des § 15 Abs. 1 für Naturdenkmale oder Naturschutzgebiete,

b) des § 19 Abs. 1 zum Schutze von Landschaftsteilen

von den höheren oder unteren Naturschutzbehörden allgemein oder für den Einzelfall getroffenen Anordnungen zuwiderhandelt.

§ 22

Einziehung

(1) Neben der Strafe kann auf Einziehung der beweglichen Gegenstände, die durch die Tat erlangt sind, erkannt werden, und zwar ohne Unterschied, ob die Gegenstände dem Täter gehören oder nicht.

(2) Kann keine bestimmte Person verfolgt oder verurteilt werden, so kann auf die Einziehung selbständig erkannt werden, wenn im übrigen die Voraussetzungen hierfür vorliegen.

VII. Abschnitt

Schluß- und Übergangsvorschriften

§ 23

Verfahren in Naturschutzangelegenheiten

Das Verfahren und der Beschwerdeweg in den Angelegenheiten des Naturschutzes, die durch dieses Gesetz oder die dazu erlassenen Ausführungsbestimmungen den Naturschutzbehörden übertragen sind, werden im Verordnungswege geregelt.

§ 24

Entschädigungslose Rechtsbeschränkung

Rechtmäßige Maßnahmen, die auf Grund dieses Gesetzes und der dazu erlassenen Überleitungs-, Durchführungs- und Ergänzungsvorschriften getroffen werden, begründen keinen Anspruch auf Entschädigung.

Gebühren und Grundsteuer

§ 25

(1) Alle Verhandlungen und Geschäfte, die zur Durchführung des Naturschutzes dienen, sind gebühren- und stempelfrei.

(2) Flächen, die aus Gründen des Naturschutzes nutzungs- und ertragsfrei bleiben, unterliegen nicht der Grundsteuer.

§ 26

Durchführung des Gesetzes

Der Reichsforstmeister erläßt im Einvernehmen mit den beteiligten Reichsministern die zur Überleitung des Naturschutzwesens auf das Reich und zur Durchführung und Ergänzung dieses Gesetzes erforderlichen Vorschriften.

§ 27

Inkrafttreten des Gesetzes

(1) Die Vorschriften der §§ 1 bis 6, 24 bis 26 treten mit dem auf die Verkündung dieses Gesetzes folgenden Tag in Kraft.

(2) Im übrigen tritt das Gesetz am 1. Oktober 1935 in Kraft. Gleichzeitig treten außer Kraft:

a) das Reichsgesetz, betreffend den Schutz von Vögeln, vom 22. März 1888 (Reichsgesetzbl. S. 111) in der Fassung des Gesetzes vom 30. Mai 1908 (Reichsgesetzbl. S. 317);

b) alle den Tier- und Pflanzenschutz sowie Naturschutz betreffenden Landesgesetze.

(3) Die auf Grund der bisherigen Landesgesetze erlassenen Einzelanordnungen bleiben bis zu ihrer ausdrücklichen Aufhebung in Kraft.

Berlin, den 26. Juni 1935.

Der Führer und Reichskanzler
Adolf Hitler

Der Reichsforstmeister
Göring

Der Reichsminister der Justiz
Dr. Gürtner

Der Reichsminister
für Ernährung und Landwirtschaft
R. Walther Darré

Der Reichsminister des Innern
Frick

Der Reichsminister
für Wissenschaft, Erziehung und Volksbildung
Rust

Selbstzensur
§ 86a

DEUTSCHE GEMEINSCHAFT

DEUTSCHE FREIHEITSBEWEGUNG

Kreisgemeinschaft Fürth

Einladung zu einer Feierstunde der Besinnung

Die Deutsche Gemeinschaft, die zur einzigen unabhängigen Volksbewegung des ganzen Deutschland geworden ist, ruft Sie und Ihre Freunde und Bekannten zu einer

FREIHEITSFEIER

am Mittwoch, den 20. November (Buß- und Bettag)
in den Gustav-Adolf-Saal des Gasthofes „Grüner Baum"
Fürth i. Bayern, Gustavstraße 34

Zum Gedenken an den Freiheitskampf vor 150 Jahren spricht

AUGUST HAUSSLEITER

Vorsitzender des Gesamtverbandes

über das Thema:

„Deutscher Freiheitskampf 1813 und heute"

Die Deutsche Gemeinschaft ist die heutige Freiheitsbewegung des deutschen Volkes gegen jede Form von östlicher oder westlicher Fremdherrschaft. Sie faßt alle konstruktiven nationalen Kräfte Deutschlands zusammen. Die Freiheitsfeier inmitten der Arbeiterstadt Fürth wird unseren Standpunkt der Unabhängigkeit, der deutschen Einheit und Freiheit sichtbar machen und unüberhörbaren Widerhall in der Bürgerschaft finden lassen.

Kommt und holt Euch Aufklärung!

Bringt alle suchenden Deutschen, die Zögernden, die Abwartenden, die Verzweifelten, bringt sie in unsere Mitte. Bei uns finden sie die belebende Kraft des Glaubens an die Wiedergeburt unseres Volkes und die Wiederherstellung des Reiches.

Zeigt der Welt, daß Deutschland noch lebt!

Für Deutschlands Einheit und Freiheit!
gez. Hanswolf Ströbel
Kreisvorsitzender

Einladung der *Deutschen Gemeinschaft* zu einer Veranstaltung am 20. November 1961 (Gründer und Vorsitzender der *DG* war August Haußleiter, der spätere Gründer und erster Parteivorsitzender von DIE GRÜNEN)

Selbstzensur
§ 86a

DEUTSCHE GEMEINSCHAFT

DEUTSCHE FREIHEITSBEWEGUNG

Kreisgemeinschaft Fürth / Bay. - Hardstraße 7/I

DEUTSCHER, WIR RUFEN DICH!

Deutschland ist geteilt und unser Volk wird laufend erpreßt! Es zahlt immer mehr Tribute an die Siegermächte. Sie sind höher als die Reparationen des Versailler Diktats, die zur Wirtschaftskrise von 1931/32 führten. Heute soll unser Volk für fremde Internationalen zahlen, morgen für sie kämpfen und übermorgen für sie verbluten. Wir aber wollen Deutschland in Einheit und Freiheit an unsere Kinder und Enkel weitergeben! Wenn wir unsere Pflicht tun, werden wir die Fremdherrschaft überwinden und uns selbst wiederfinden!

Die Deutsche Gemeinschaft ist die Freiheitsbewegung des deutschen Volkes gegen jede Form von östlicher oder westlicher Fremdherrschaft auf deutschem Boden.

Sie gedenkt deshalb am

FREITAG, den 18. MAI 1962 um 20 Uhr
im Festsaal des Gasthofes „Langmann" Fürth, Königstraße 128

in einer

FEIERSTUNDE DER BESINNUNG

des großen Denkers der geistigen Erneuerung im deutschen Befreiungskampf 1807-1815

Johann Gottlieb Fichte

anläßlich der 200. Wiederkehr seines Geburtstages

Der Generalsekretär der Deutschen Gemeinschaft

Dr. RENATE MALLUCHE, München

spricht über die Bedeutung dieses großen Denkers für unsere Zeit.

Auch in seiner Epoche trat neben das Erbärmliche das Erhabene, neben den Zweifel und Zwiespalt der Glaube an die Wiedergeburt des Volkes, neben den Knechtsinn die Vaterlandsliebe. Seine Reden an die deutsche Nation sind heute zeitnahe Urkunden deutscher Not, deutschen Zornes und deutscher Größe.

Zu dieser Freiheits-Kundgebung im Kern der alten Industrie- und Handelstadt Fürth rufen wir alle volkstreuen Kräfte dieses Raumes. Unser leidenschaftliches Bekenntnis zur Einheit und Freiheit Deutschlands soll unüberhörbaren Widerhall in den Herzen der schaffenden Menschen finden.

Werben Sie in Ihrem vertrauten Freundes- und Bekanntenkreis für diesen Appell des völkischen Aufbruch

Kommen Sie mit Frau und Familie zu uns und erleben Sie in unserer Mitte wirkliche deutsche Gemeinsch des Geistes und der Seele, sowie die belebende Kraft des Glaubens an die deutsche Zukunft.

Der suchenden deutschen Jugend gilt unser besonderes „Willkommen"! Sie ist die Trägerin deutsch Lebenskraft. Mit ihr wollen wir den Einsatz wagen, die schwere Zukunft zu meistern und das Reich zu erneue

Wir würden uns freuen, Sie in unserer Mitte begrüßen zu können!

FUR DEUTSCHLANDS EINHEIT UND FREIHEIT!

Adam Kritschgau, Organisationsleiter — **Hannswolf Ströbel**, Kreisvorsitzer

Einladung der *Deutschen Gemeinschaft* zu einer Veranstaltung am 18. Mai 1962 (Gründer und Vorsitzender der *DG* war August Haußleiter, der spätere Gründer und erster Parteivorsitzender von DIE GRÜNEN)

Wahlplakat der *Deutschen Gemeinschaft (DG)* aus dem Wahlkampf 1962 (Gründer und Vorsitzender der *DG* war August Haußleiter, der spätere Gründer und erster Parteivorsitzender von DIE GRÜNEN)

Wahlplakat der *Deutschen Gemeinschaft (DG)* aus dem Wahlkampf 1964 (Gründer und Vorsitzender der *DG* war August Haußleiter, der spätere Gründer und erster Parteivorsitzender von DIE GRÜNEN)

Selbstzensur
§ 86a

AUD

Aktionsgemeinschaft
Unabhängiger Deutscher

Partei-Programm

Partei-Programm der *Aktionsgemeinschaft Unabhängiger Deutscher, AUD*, aus dem Jahr 1966 mit dem Logo der Deutschen Gemeinschaft

Unabhängige

A · U · D

Aktionsgemeinschaft Unabhängiger Deutscher

Nr. 6, Dezember 1968

ARGUMENTE -- BEWEISE
DOKUMENTE -- ZITATE

den A B H Ä N G I G E N um die Ohren zu schlagen

Nur für M i t g l i e d e r

Einzelpreis : o,5o DM

S P D beantragt Vorbeugehaft

Diese Partei ist nicht mehr zu retten !

Wir fragen den ehrlichen jungen Sozialdemokraten, wir rütteln den alten, einfachen SPD-Kämpfer im Haus, auf der Straße, im Lokal und im Betrieb auf:

Wie ist das möglich ?
Wie könnt Ihr das alles mitmachen ?

Ist es völliger Gedächtnisschwund ?
Ist es Schizophrenie, Bewußtseinsspaltung ?

Die Häftlinge von gestern beantragen für sich selbst die Vorbeugehaft von heute und die Schutzhaft von morgen ! Welche Möglichkeiten für eine CDU/CSU-NPD-Regierung !

Das sind die Tatsachen:

1. Die SPD-Fraktion brachte einen Gesetzentwurf ein, der eine Vorbeugehaft für denjenigen vorsieht, von dem eine Straftat erwartet, also "vorausgesehen" wird, deren Begehung mit mind. 9 Mon. Gefängnis bestraft werden würde.
2. Die CSU stimmte freudig zu und erweiterte: Vorbeugehaft soll schon dann möglich sein, wenn die Tat, die vermutet wird, 6 Mon. Haft einbringen würde.
3. Der SPD-MdB Hirsch (gerade derjenige, der bekannt geworden ist als Anwalt von Menschen, die einmal Vorbeugehaft genossen haben !) versuchte, in der NRZ zu verharmlosen: das wäre ja nur ein Gesetz gegen die "Rocker"-Banden.
4. Der Berliner Polizeipräsident Hübner, SPD, war im Bundestag offener: seiner Ansicht nach dürften "Demonstrationstäter" nicht frei herumlaufen.

Den "Rockern" ist mit den geltenden Gesetzen zu begegnen, ebenso anarchistischen Revoluzzern. Alles andere ist Volksverdummung !

In dieser SPD kann man nicht mehr Mitglied sein !

"Unabhängige Nachrichten", Mitteilungsblatt des Landesverbandes NRW der AUD. Redaktion und Vertrieb: V. Schimmelpfeng, 433 Mülheim/Ruhr, Georgstr. 6.- 1o bis 12 Ausgaben jährlich - Verantwortlich für den Inhalt: M. Voigt, 463 Bochum- Linden, Postfach 5o1oo.- Namentlich gezeichnete Artikel sind Diskussionsbeiträge der Unterzeichner zur innerparteilichen Willensbildung. Zahlungen an Alfred Pfützner, 47o5 Pelkum, Postscheckkonto Nr. 4996, PSchA. Dortmund.

Unabhängige Nachrichten Mitteilungsblatt des Landesverbandes NRW der *AUD*, verantwortlich für den Inhalt ist der damalige Landesvorsitzende der AUD, Martin Voigt.

Die Grünen

Das Wahlprogramm der „Grünen"

Für das andere Europa

Eine Gesamtalternative: ökologisch, sozial, basis-demokratisch und gewaltfrei / Eine einzige grüne Liste zu den Wahlen am 10. Juni 1979

Zu den Europawahlen am 10. Juni 1979 tritt in der Bundesrepublik Deutschland eine einzige grüne, alternative Liste an. Darauf haben sich alle grünen, bisher an Wahlen beteiligten politischen Initiativen (AUD, GAZ, GLU, GLSH und Bürgerinitiativen) geeinigt. Die deutschen Grünen arbeiten eng mit allen anderen ökologischen Parteien Europas zusammen. Im künftigen Europa-Parlament muß das andere, das ökologische, das soziale, das basisdemokratische, das friedliche Europa vertreten sein.

Deshalb heißt der wirksamste Umweltschutz:

- Weniger Energie verbrauchen und umweltfreundliche Energie gebrauchen.
- Stop der Verschwendung und Überwindung der zerstörerischen Wegwerfmentalität. Eine auf das Doppelte verlängerte Nutzungsdauer der Gebrauchsgüter würde den Rohstoffverbrauch und die Abfälle auf fast die Hälfte reduzieren und die Umweltbelastung sowie den Energieverbrauch ebenso vermindern.

Diese Umkehr erfordert neue und dezentralisierte Technologien.

Nur dies kann unter „qualitativem Wachstum" verstanden werden:

1. Betätigungen des Menschen, die weder mehr …

… Energie und Maschinen zu ersetzen, weil diese billig sind, wird sich umkehren: Energie und Rohstoffe werden sparsam verwendet und vielfach durch sinnvolle menschliche Arbeit ersetzt werden müssen. Das neue Europa wird nur Wirklichkeit werden, wenn die Wertvorstellungen der Europäer von der Überschätzung des Lebensstandards und der quantitativen materiellen Eingleisigkeit befreit werden. Die geistige und seelische Selbstverwirklichung des Menschen hat entscheidende Bedeutung. Die „Ausbildung" des Menschen für ökonomische Zwecke muß in eine Bildung umgewandelt werden, die zur eigenen Lebensgestaltung befähigt.

2. Maßnahmen für eine soziale Wirtschaft

Da die materielle Versorgung insgesamt gesehen einen hohen Stand erreicht hat, steht nun die Frage des sozialen Ausgleichs im Vordergrund. In unserer Gesellschaft sind zahlreiche soziale Aufgaben nicht befriedigend gelöst. Außer dem Umweltschutz und der Erzeugung gesunder Nahrungsmittel sind das:

Bildung von Jugendlichen und Erwachsenen, Betreuung von Alten und Kranken. Auf diesen Gebieten können gleichzeitig qualifizierte Arbeits- und Ausbildungsplätze geschaffen werden …

Unsere Geschäftsstellen

Wer bei den „Grünen" aktiv mitarbeiten möchte, kann sich an folgende Geschäftsstellen wenden:

Bundesgeschäftsstelle „Die Grünen"
Friedrich-Ebert-Allee 120
5300 Bonn 1
Telefon (02221) 23 30 21, 23 30 22

AUD-Geschäftsstelle
Zieblandstraße 34
Postfach 430410
8000 München 40
Telefon (089) 52 42 75

GLU-Geschäftsstelle
Hochstraße 14
4370 Marl
Telefon (02365) 1 75 46

GAZ-Geschäftsstelle
Friedrich-Ebert-Allee 120
5300 Bonn 1
Telefon (02221) 23 30 21, 23 30 22

Wir, die GRÜNEN, stellen fest: Nur eine ökologische Politik im Sinne dieses Programms kann die Kriegsgefahr beseitigen, die aus dem Kampf um die knapper werdenden Rohstoffe der Welt zwangsläufig entsteht. Deshalb ist ökologische Politik ihrem Wesen nach Friedenspolitik!

„Die Grünen", Wahlausgabe der Wochenzeitung „Die Unabhängigen", Verlagsanschrift 8 München 2, Postfach 20 24 22. Verleger, Herausgeber und verantwortlicher Redakteur August Haußleiter, Josephsplatz 4, 8000 München. Zuschriften nur an die Postanschrift 8 München 2, Postfach 20 24 22.

Postscheckkonto „Die Unabhängigen", München 166 858-801

Rotationsdruck Buchdruckerei Heinrich Fahmer, Bergmannstraße 13, 8000 München 2

Wahlzeitung *Die Grünen* (Ausschnitte) zur Europawahl 1979, mit Geschäftsstellen und Impressum. »Herausgeber August Haußleiter«, Postscheckkonto: Die Unabhängigen«.

Quellenverzeichnis

Die unzensierte Geschichte und Vorgeschichte der Partei BÜNDNIS90/DIE GRÜNEN

1 NABU - Naturschutzbund Deutschland e.V., https://www.nabu.de/wir-ueber-uns/index.html, abgerufen am 21.11.2020

2 taz, 06.03.2016, https://taz.de/NS-Geschichte-des-Nabu/!5281904/, abgerufen am 21.11.2020

3 Österreichische Nationalbibliothek, Deutsches Reichsgesetzblatt Teil I 1867-1945, http://alex.onb.ac.at/cgi-content/alex?aid=dra&datum=1935&size=45&page=963, abgerufen am 21.11.2020

4 Wikipedia, https://de.wikipedia.org/wiki/Aktionsgemeinschaft_Unabhängiger_Deutscher , abgerufen am 3.10.2020

5 Hans Wolfgang Behm, Deutsche Naturschutzgebiete, Dunker-Verlag, Weimar, 1940

6 Wiener Zeitung, 17.12.2015, https://www.wienerzeitung.at/nachrichten/politik/oesterreich/791591-Ehrendoktorat-von-Konrad-Lorenz-widerrufen.html, abgerufen am 22.11.2020

7 Wikipedia, https://de.wikipedia.org/wiki/Aktionsgemeinschaft_Unabhängiger_Deutscher , abgerufen am 3.10.2020

8 vgl. ebd.

9 Wikipedia, https://de.wikipedia.org/wiki/Oskar_Lutz, abgerufen am 17.11.2020

10 Wikipedia, https://de.wikipedia.org/wiki/Deutsche_Freiheitspartei_(1962), abgerufen am 17.11.2020

11 taz.de, Berlin, 3.12.2016, https://taz.de/!5362994/?, abgerufen am 17.11.2020

12 Wikipedia, https://de.wikipedia.org/wiki/Aktionsgemeinschaft_Unabhängiger_Deutscher , abgerufen am 3.10.2020

13 Wikipedia, https://de.wikipedia.org/wiki/Hjalmar_Schacht, abgeufen am 17.11.2020

14 Unabhängige, Zeitung der AUD, Ausgabe September 9/1968

15 Unabhängige, Zeitung der AUD, Ausgabe Dezember 12/1968

16 Wikipedia, https://de.wikipedia.org/wiki/Außerparlamentarische_Opposition, abgerufen am 17.11.2020

17 Wikipedia, https://de.wikipedia.org/wiki/Aktionsgemeinschaft_Unabhängiger_Deutscher, abgerufen am 3.10.2020

18 vgl. ebd.

19 Hermann Soyka, Der Weltbund zum Schutze des Lebens, Schriftliche Ausarbeitung zum Referat »Widerstand gegen die Umweltzerstörung: Internationale Umweltschutzbewegungen« von Ass.-Prof. Mag. Dr. Reinhard Farkas an der Carl-Franzens-Universität, Graz, 2012, Seite 7

20 Wikipedia, https://de.wikipedia.org/wiki/Günther_Schwab, abgerufen am 3.10.2020

21 Verborgene Welt, Glaube und Erkenntnis, Zeitschrift für christliche Parapsychologie, München, 15.01.1961, Seite 10

22 Wikipedia, https://de.wikipedia.org/wiki/Weltbund_zum_Schutz_des_Lebens#cite_note-11, abgerufen am 02.10.2020

23 Harten, Hans-Christian, Weltanschauliche Schulung der SS und der Polizei im Nationalsozialismus: Zusammenstellung personenbezogener Daten 2017, https://www.pedocs.de/volltexte/2018/15155/pdf/Harten_2017_Weltanschauliche_Schulung_der_SS_und_der_Polizei.pdf, abgerufen am 22.11.2020

24 Hermann Soyka, Der Weltbund zum Schutze des Lebens, Schriftliche Ausarbeitung zum Referat »Widerstand gegen die Umweltzerstörung: Internationale Umweltschutzbewegungen« von Ass.-Prof. Mag. Dr. Reinhard Farkas an der Carl-Franzens-Universität, Graz, 2012, Seite 7

25 Wikipedia, https://de.wikipedia.org/wiki/Werner_Georg_Haverbeck, abgerufen am 3.10.2010

26 Silke Mende, „Nicht rechts, nicht links, sondern vorn" - Eine Geschichte der Gründungsgrünen, 2011, ISBN 9783486598117, Verlag Oldenbourg

27 Anna Hallensleben, Von der Grünen Liste zur Grünen Partei? Die Entwicklung der Grünen Liste Umweltschutz. Entstehung in Niedersachsen 1977 bis zur Gründung der Partei DIE GRÜNEN 1980, 1984

28 Internetseite von Bündnis90/DIE GRÜNEN, Landesverband Niedersachsen, https://www.gruene-niedersachsen.de/partei/geschichte/, abgerufen am 02.10.2020

29 Richard Stöss, Vom Nationalismus zum Umweltschutz, 1980, ISBN 353111512X, VS Verlag für Sozialwissenschaften, Seite 261

30 Internetseite von Bündnis90/DIE GRÜNEN, Landesverband Niedersachsen, https://www.gruene-niedersachsen.de/partei/geschichte/, abgerufen am 02.10.2020

31 Wikipedia, https://de.wikipedia.org/wiki/Grüne_Liste_Schleswig-Holstein, abgerufen am 4.10.2020

32 Wikipedia, https://de.wikipedia.org/wiki/Baldur_Springmann, abgerufen am 4.10.2020

33 Wikipedia, https://de.wikipedia.org/wiki/Bündnis_90/Die_Grünen_Nordrhein-Westfalen, abgerufen am 4.10.2020

34 Internetseite der Bundeszentrale für politische Bildung, https://www.bpb.de/politik/extremismus/rechtsextremismus/211923/oekologie-von-rechts?show=image&i=212762, abgerufen am 17.11.2020

35 Wikipedia, https://de.wikipedia.org/wiki/Werner_Vogel_(Politiker), abgerufen am 5.10.2020

36 Internetseite der ÖDP-Hessen, https://www.oedp-hessen.de/partei/geschichte/geschichte-der-oedp/von-der-gaz-zu-den-gruenen/, abgerufen am 18.11.2020

37 Internetseite der Heinrich-Böll-Stiftung, https://www.boell.de/de/2017/12/14/die-akten-des-hessischen-landesverbandes-der-gruenen, abgerufen am 18.11.2020

38 Wikipedia, https://de.wikipedia.org/wiki/Grüne_Liste_Hessen, abgeufen am 18.11.2020

39 Wikipedia, https://de.wikipedia.org/wiki/Bündnis_90/Die_Grünen_Hessen, abgerufen am 4.10.2020

40 Die Linke, Braunes Erbe - NS-Vergangenheit hessischer Landtagsabgeordneter der 1.-11. Wahlperiode (1946-1987), 2 Auflage, 2011, Seite 7

41 Wikipedia, https://de.wikipedia.org/wiki/Bündnis_90/Die_Grünen_Berlin, abgerufen am 4.10.2020

42 Al. Die Alternative Liste Berlin. Hrsg.: Michael Bühnemann, Michael Wendt und Jürgen Wituschek. Entstehung, Entwicklung, Positionen, LitPol Verlagsgesellschaft mbH Berlin, 1984, ISBN 3-88279-038-5, Seiten 60-63

43 Richard Stöss, Vom Nationalismus zum Umweltschutz, 1980, ISBN 353111512X, VS Verlag für Sozialwissenschaften, Seite 237

44 Wikipedia, https://de.wikipedia.org/wiki/Bündnis_90/Die_Grünen_Berlin, abgerufen am 4.10.2020

45 Al. Die Alternative Liste Berlin. Hrsg.: Michael Bühnemann, Michael Wendt und Jürgen Wituschek. Entstehung, Entwicklung, Positionen, LitPol Verlagsgesellschaft mbH Berlin, 1984, ISBN 3-88279-038-5, Seiten 60-63

46 vgl. ebd.

47 Wikipedia, https://de.wikipedia.org/wiki/Bündnis_90/Die_Grünen_Berlin, abgerufen am 4.10.2020

48 Historisches Lexikon Bayerns, https://www.historisches-lexikon-bayerns.de/Lexikon/Bündnis_90/Die_Grünen_in_Bayern, abgerufen am 3.10.2020

49 Donaukurier, 22.08.2013, https://www.donaukurier.de/nachrichten/bayern/Augsburg-Die-Gegner-nannten-uns-Baeumchenschuetzer;art155371,2807722, abgerufen am 01.11.2020

50 Wikipedia, https://de.wikipedia.org/wiki/Dieter_Burgmann, abgerufen am 3.10.2020

51 Richard Stöss, Vom Nationalismus zum Umweltschutz, 1980, ISBN 353111512X, VS Verlag für Sozialwissenschaften, Seite 282

52 vgl. ebd.

53 Internetseite von Bündnis90/DIE GRÜNEN, Landesverband Baden-Württemberg, https://www.gruene-bw.de/partei/geschichte-der-gruenen-baden-wuerttemberg/, abgerufen am 23.12.2020

54 Wikipedia, https://de.wikipedia.org/wiki/Wolf-Dieter_Hasenclever, abgerufen am 3.10.2020

55 Wikipedia, https://de.wikipedia.org/wiki/Hans_Dietrich_Erichsen, abgerufen am 3.10.2020

56 Richard Stöss, Vom Nationalismus zum Umweltschutz, 1980, ISBN 353111512X, VS Verlag für Sozialwissenschaften, Seite 170

57 »GRÜNE Chronik: 1979 bis 1997«, auf der Internetseite Bündnis 90/Die Grünen - Rheinland Pfalz, https://gruene-rlp.de/partei/gruene-geschichte/chronik/?no_cache=1&expand=295524&displayNon=1&cHash=5557316704ae7bd71446bd0c484ef540, abgerufen am 5.10.2020

58 Wikipedia, https://de.wikipedia.org/wiki/Bündnis_90/Die_Grünen_Saarland, , abgerufen am 4.10.2020

59 Wikipedia, https://de.wikipedia.org/wiki/Bunte_Liste_-_Wehrt_euch, abgerufen am 5.10.2020

60 vgl. ebd.

61 Wikipedia, https://de.wikipedia.org/wiki/Bündnis_90/Die_Grünen_Hamburg, abgerufen am 4.10.2020

62 Wikipedia, https://de.wikipedia.org/wiki/Bunte_Liste_-_Wehrt_euch, abgerufen am 5.10.2020

63 Wikipedia, https://de.wikipedia.org/wiki/Bündnis_90/Die_Grünen_Hamburg, abgerufen am 4.10.2020

64 Wikipedia, https://de.wikipedia.org/wiki/Bündnis_90/Die_Grünen_Bremen, abgerufen 4.10.2020

65 vgl. ebd.

66 vgl. ebd.

67 Internetseite der Stiftung für Geisteswissenschaft und Dreigliederungsforschung e.V., https://www.stiftung-gw3.de/dokumentation/achberg-kreis-in-den-gruenen, abgerufen am 01.11.2020

68 Wikipedia, https://de.wikipedia.org/wiki/Aktionsgemeinschaft_Unabhängiger_Deutscher, abgerufen am 3.10.2020

69 Die Rechtsradikalen, Hans Frederik, Humbold-Verlag, München, Seiten 57-60 und Seite 130

70 Deutsche Volkszeitung, Düsseldorf, Nr. 40, 4 Oktober 1986, Seite 5

71 Die Rechtsradikalen, Hans Frederik, Humbold-Verlag, München, Seiten 57-60 und Seite 130

72 Deutsche Volkszeitung, Düsseldorf, Nr. 40, 4 Oktober 1986, Seite 5

73 Tagesschau.de, https://wahl.tagesschau.de/wahlen/1954-11-28-LT-DE-BY/index.shtml, abgerufen am 29.11.2020

74 Deutsche Volkszeitung, Düsseldorf, Nr. 40, 4 Oktober 1986, Seite 5

75 Die Rechtsradikalen, Hans Frederik, Humbold-Verlag, München, Seiten 57-60 und Seite 130

76 Einladung der Deutschen Gemeinschaft zur Freiheitsfeier am 20. November 1961, Redner August Haußleiter, Archiv VAWS-Pressebüro

77 Einladung der Deutschen Gemeinschaft zur Feierstunde der Besinnung am 18. Mai 1962, Rednerin Dr. Renate Maluche (die spätere Ehefrau von August Haußleiter), Archiv VAWS-Pressebüro

78 Notfallprogramm der AUD - Unabhängigkeit von Ost und West. Was heißt AUD? Notprogramm - 6-Stufen-Plan - Mut zum Frieden, 1966, verantwortlich: Friedrich-Wilhelm Teschemacher

79 Aktionsgemeinschaft Unabhängiger Deutscher, Partei-Programm, Landesverband Berlin, Landesvorsitzender: Karl-Heinz Panteleit, 27. Oktober 1966

80 Parteizeitung der AUD, Deutsche Gemeinschaft, 24.09.1968, Nr. 34, Seite 6

81 Spiegel-Online, 31.03.1969, https://www.spiegel.de/spiegel/print/d-45741757.html, abgerufen am 29.11.2020

82 Taz, 11.07.1989, https://taz.de/Haussleiter-gestorben/!1806033/, abgerufen am 29.11.2020

83 Die Grünen, Personen, Projekte, Programme, Hans-Werner Lüdtke, 1980, ISBN 3512006035, Seewald Verlag

84 Wikipedia, https://de.wikipedia.org/wiki/Baldur_Springmann, abgerufen am 18.11.2020

85 Die Grünen, Personen, Projekte, Programme, Hans-Werner Lüdtke, 1980, ISBN 3512006035, Seewald Verlag, Seite 265

86 Wikipedia, https://de.wikipedia.org/w/index.php?title=Aktionsgemeinschaft_Unabhängiger_Deutscher&veaction=edit, abgerufen am 18.11.2020

Die kommunistische Unterwanderung der Partei DIE GRÜNEN

87 Der Tagesspiegel, 10.01.2020, https://www.tagesspiegel.de/politik/gruender-ueber-40-jahre-gruene-fuer-viele-waren-wir-ein-kulturschock/25405192.html, abgerufen am 14.10.2020

88 Blog von Klaus Lelek (Taunuswolf), 14.01.2020, »40 Jahre Grüne: Erinnerungen eines zornigen Mitbegründers oder „ist das der Sonderzug zum Linksstaat?«, https://taunuswolf.tumblr.com/post/190253048976/40-jahre-grüne-erinnerungen-eines-zornigen, abgerufen am 16.10.2020

89 Gerd Bastian in seinem Brief an die Bundestagsfraktion der Grünen, Die Tageszeitung, taz, 12.01.1984, laut der Argumentationsschrift der CDU/CSU-Fraktion im Deutschen Bundestag, Die Kader der Grünen, 22. Mai 1986

90 Lothar Gassmann, Die Grünen - eine Alternative, 1985, ISBN 3-7751-102-X, Hänssler-Verlag, Seite 40

91 Internetseite der Caritas Frankfurt/Main, Die Geschichtswerkstatt Gallus berichtet, Historisches und Aktuelles, Ausgabe Mai 2020, https://www.caritas-frankfurt.de/cms/contents/caritas-frankfurt.de/medien/dokumente/quartiersmanagement/die-geschichtswerkst44/89_die_geschichtswerkstatt_berichtet_ml147.pdf?d=a&f=pdf, abgerufen am 20.10.2020

Die Grünen - Eine Karriereleiter für Kommunisten/Marxisten

92 Stéphane Courtois, Das Schwarzbuch des Kommunismus: Unterdrückung, Verbrechen und Terror, 2004, Verlag Piper, ISBN 978-3492046640

93 Wikipedia, https://de.wikipedia.org/wiki/Kommunistischer_Bund, abgerufen am 8.11.2020

94 Michael Steffen, Geschichten vom Trüffelschwein. Politik und Organisation des Kommunistischen Bundes 1971 bis 1991. Inauguraldissertationzur Erlangung des Grades eines Doktors der Philosophie, Philipps-Universität Marburg, 2002

95 Wikipedia, https://de.wikipedia.org/wiki/Knut_Mellenthin, abgerufen am 8.11.2020

96 Wikipedia, https://de.wikipedia.org/wiki/Matthias_Küntzel, abgerufen am 8.11.2020

97 Wikipedia, https://de.wikipedia.org/wiki/Jan_Feddersen, abgerufen am 8.11.2020

98 Wikipedia, https://de.wikipedia.org/wiki/Jürgen_Reents, abgerufen am 8.11.2020

99 Bundesminister des Innern, Verfassungsschutzbericht 1977, Bonn, September 1978, ISSN: 0343-690X

100 Michael Steffen, Geschichten vom Trüffelschwein. Politik und Organisation des Kommunistischen Bundes 1971 bis 1991. Inauguraldissertationzur Erlangung des Grades eines Doktors der Philosophie, Philipps-Universität Marburg, 2002, Seite 323

101 Wikipedia, https://de.wikipedia.org/wiki/Kommunistischer_Bund_Westdeutschland, abgerufen am 8.11.2020

102 Süddeutsche Zeitung, 19. Mai 2015, https://www.sueddeutsche.de/politik/idi-amin-des-killers-abschied-im-kreise-seiner-liebsten-1.918622?print=true, abgerufen am 08.11.2020

103 Wikipedia, https://de.wikipedia.org/wiki/Pol_Pot, abgerufen am 08.11.2020

104 Wikipedia, https://de.wikipedia.org/wiki/Mao_Zedong, abgerufen am 8.11.2020

105 Wikipedia, https://de.wikipedia.org/wiki/Kommunistischer_Bund_Westdeutschland, abgerufen am 8.11.2020

106 Bundesminister des Innern, Verfassungsschutzbericht 1984, Bonn, August 1985, ISSN: 0343-690X, Seite 95

107 Bundesminister des Innern, Verfassungsschutzbericht 1975, Bonn, Seite 84

108 Focus, 20.10.2016, https://www.focus.de/politik/deutschland/k-gruppen-wende-genossen_aid_166129.html, abgerufen am 20.11.2020

109 Michael Steffen, Geschichten vom Trüffelschwein. Politik und Organisation des Kommunistischen Bundes 1971 bis 1991. Inauguraldissertationzur Erlangung des Grades eines Doktors der Philosophie, Philipps-Universität Marburg, 2002, Seite 323

110 Wikipedia, https://de.wikipedia.org/wiki/Kommunistische_Partei_Deutschlands_(Aufbauorganisation), abgerufen am 09.11.2020

111 Bundesminister des Innern, Verfassungsschutzbericht 1972, Bonn, Seiten 89-91

112 Michael Steffen, Geschichten vom Trüffelschwein. Politik und Organisation des Kommunistischen Bundes 1971 bis 1991. Inauguraldissertationzur Erlangung des Grades eines Doktors der Philosophie, Philipps-Universität Marburg, 2002, Seite 323

113 Bundesminister des Innern, Verfassungsschutzbericht 1977, Bonn, Seite 100

114 Bundesminister des Innern, Verfassungsschutzbericht 1976, Bonn, Seiten 99-100

115 Wikipedia, https://de.wikipedia.org/wiki/Kommunistische_Partei_Deutschlands_(Aufbauorganisation), abgerufen am 11.11.2020

Personelle Wanderung von den Kommunistischen Parteien/Organisationen zu den Grünen

116 Deutscher Bundestag, 10. Wahlperiode, Drucksache 10/6584, 27.11.1986, Seite 126, http://dipbt.bundestag.de/doc/btd/10/065/1006584.pdf, abgerufen am 20.10.2020

117 Tagesspiegel, Grünen-Politikerin kämpft gegen Stasi-Vorwurf, 29.11.2006, https://www.tagesspiegel.de/berlin/gruenen-politikerin-kaempft-gegen-stasi-vorwurf/780520.html, abgerufen am 20.10.2020

118 Michael Steffen, Geschichten vom Trüffelschwein. Politik und Organisation des Kommunistischen Bundes 1971 bis 1991. Inauguraldissertationzur Erlangung des Grades eines Doktors der Philosophie, Philipps-Universität Marburg, 2002, Seite 296

119 Europäisches Parlament, Abgeordnetenliste, https://www.europarl.europa.eu/meps/de/96739/REINHARD_BUTIKOFER/cv#detailedcardmep, abgerufen am 20.10.2020

120 taz, 24.02.1993, https://taz.de/!1628566/, abgerufen am 20.11.2020

121 Robert Havemann Gesellschaft, Archiv der DDR-Opposition, https://www.havemann-gesellschaft.de/in-memoriam/ulrich-fischer-11121942-12072020/, abgerufen am 20.10.2020

122 ILB, https://www.literaturfestival.com/ablage/teilnehmer/moderatoren/frank-herterich, abgerufen am 20.10.2020

123 Michael Steffen, Geschichten vom Trüffelschwein. Politik und Organisation des Kommunistischen Bundes 1971 bis 1991. Inauguraldissertationzur Erlangung des Grades eines Doktors der Philosophie, Philipps-Universität Marburg, 2002, Seite 310

124 taz, 24.02.1993, https://taz.de/!1628566/, abgerufen am 20.11.2020

125 Der Spiegel, 5/2001, „Salz in der grünen Suppe“, https://www.spiegel.de/spiegel/print/d-18370252.html, abgerufen am 23.10.2020

126 Weser Kurier, 21.09.2014, „Es gibt auch einfach böse Menschen“, https://www.weser-kurier.de/startseite_artikel,-Es-gibt-auch-einfach-boese-Menschen-_arid,948030.html, abgerufen am 23.10.2020

127 Michael Steffen, Geschichten vom Trüffelschwein. Politik und Organisation des Kommunistischen Bundes 1971 bis 1991. Inauguraldissertationzur Erlangung des Grades eines Doktors der Philosophie, Philipps-Universität Marburg, 2002, Seiten 311-312

128 Deutscher Bundestag, 10. Wahlperiode, Drucksache 10/6584, 27.11.1986, Seite 126, http://dipbt.bundestag.de/doc/btd/10/065/1006584.pdf, abgerufen am 23.10.2020

129 Die Tageszeitung „taz“, Nr. 3206, 10.09.1990

130 Neues Deutschland, 23.10.1995, https://www.neues-deutschland.de/artikel/576199.unerwuenscht.html, abgerufen am 24.10.2020

131 Landtag Intern, 30.10.1995, Landtag NRW, https://www.landtag.nrw.de/portal/WWW/dokumentenarchiv/Dokument?Id=ZLANIN9517%7C16%7C16, abgerufen am 24.10.2020

132 Heinrich-Böll-Stiftung, Archiv Grünes Gedächtnis, https://www.boell.de/sites/default/files/uploads/2008/08/bdk_1979-1993_die_gruenen.pdf, abgerufen am 24.10.2020

Skandale, Affären, Betrug, Sexueller Missbrauch, Lobbyismus und Zitate

133 B.Z. Berlin, Mit harten Drogen erwischt: Volker Beck legt Ämter nieder, 02.03.2016, https://www.bz-berlin.de/tatort/volker-beck-in-berlin-mit-harten-drogen-erwischt, abgerufen am 25.11.2020

134 vgl. ebd.

135 Der Spiegel, Staatsanwaltschaft ermittelt gegen Volker Beck, 17.03.2016, https://www.spiegel.de/politik/deutschland/volker-beck-bundestag-hebt-immunitaet-a-1082771.html, abgerufen am 25.11.2020

136 ntv, Drogen-Ermittlungen eingestellt, 13.04.2016, https://www.n-tv.de/politik/Volker-Beck-bittet-um-Entschuldigung-article17459951.html, abgerufen am 25.11.2020

137 Der Spiegel, Volker Beck täuschte Öffentlichkeit über Pädophilie-Text, 20.09.2013, https://www.spiegel.de/politik/deutschland/paedophilie-debatte-um-gruene-volker-beck-taeuschte-oeffentlichkeit-a-923357.html, abgerufen am 25.11.2020

138 abgeordnetenwatch.de, Frage zum Thema Familie, 17.08.2007, https://web.archive.org/web/20130817091438/http://www.abgeordnetenwatch.de/volker_beck-650-5916—f70338.html, abgerufen am 25.11.2020

139 Der Spiegel, Volker Beck täuschte Öffentlichkeit über Pädophilie-Text, 20.09.2013, https://www.spiegel.de/politik/deutschland/paedophilie-debatte-um-gruene-volker-beck-taeuschte-oeffentlichkeit-a-923357.html, abgerufen am 25.11.2020

140 Pressemittteilung des Bundesgerichtshofs in Sachen I ZR 228/15, 27.07.2017, https://www.bundesgerichtshof.de/SharedDocs/Termine/DE/Termine/IZR228-15.html, abgerufen am 25.11.2020

141 Pressemittteilung des Bundesgerichtshofs in Sachen I ZR 228/15, 30.04.2020, https://www.bundesgerichtshof.de/SharedDocs/Pressemitteilungen/DE/2020/2020044.html?nn=10690868, abgerufen am 25.11.2020

142 Internetseite von Siegfried Benker, 16.10.2003, http://www.siegfried-benker.de/texte/kampf_gegen_rechts/031016_prozesspresse.html, abgerufen am 25.11.2020

143 Anklageschrift der Staatsanwaltschaft Bochum, AZ: Js 263/08, 07.01.2009, http://www.bo-alternativ.de/aktuell/wp-content/uploads/2009/07/anklageschrift-torte.pdf, abgerufen am 27.11.2020

144 WAZ Bochum, Aufforderung zu Straftaten, 18.05.2005, zitiert in: https://www.bo-alternativ.de/boese.htm, abgerufen am 27.11.2020

145 Bewegung in Bochum, Plakat gesucht, 05.04.2016, https://www.bo-alternativ.de/2016/04/05/plakat-gesucht/, abgerufen am 27.11.2020

146 Bewegung in Bochum, bo-special zum Tortenprozess, 30.01.2011, https://www.bo-alternativ.de/2011/01/30/eine-torte-ist-eine-torte/, abgerufen am 27.11.2020

147 Bewegung in Bochum, Gericht: Tumult um Bochumer Tortenprozess, 21.07.2010, https://www.bo-alternativ.de/2010/07/21/gericht-tumult-um-bochumer-tortenprozess/, abgerufen am 27.11.2020

148 Ulla Jelpke, Artikel: Backwerk als Bombe, 13.05.2009, https://www.ulla-jelpke.de/2009/05/artikel-backwerk-als-bombe/, abgerufen am 27.11.2020

149 Heinrich Böll Stiftung, https://www.boell.de/de/person/reinhard-buetikofer, abgerufen am 27.11.2020

150 Europa Union Deutschland, A-Z- Europa Union Deutschland (europa-union.de), abgerufen am 27.11.2020

151 The Globalist, Reinhard Bütikhofer, https://www.theglobalist.com/contributors/reinhard-buetikofer/, abgerufen am 27.11.2020

152 MDR, Klaus Croissant – RAF-Anwalt und MfS-Spitzel, 16.11.2017, https://www.mdr.de/zeitreise/croissant-102.html, abgerufen am 27.11.2020

153 Zeitgeschichte-online, Zur Geschichte der Roten Armee Fraktion (RAF) und ihrer Kontexte: Eine Chronik, Jan-Hendrik Schulz, 2007, https://zeitgeschichte-online.de/sites/default/files/documents/schulz-raf_chronik-erweitert-ueberarbeitet.pdf, abgerufen am 27.11.2020

154 Der Freitag, Beharren, 19.04.2002, https://www.freitag.de/autoren/der-freitag/beharren, abgerufen am 27.11.2020

156 vgl. ebd.

157 Neues Deutschland, 13.09.2000, https://www.neues-deutschland.de/artikel/877947.bundeswehr-wird-nach-berlin-marschieren.html, abgerufen am 05.12.2010

158 Michael Steffen, Geschichten vom Trüffelschwein. Politik und Organisation des Kommunistischen Bundes 1971–1991. Inauguraldissertation zu Erlangung des Grades eines Doktors der Philosophie, Philipps Universität Marburg, 2002

159 vgl. ebd.

160 Perlentaucher. Das Kulturmagazin, Buchautor Thomas Ebermann, https://www.perlentaucher.de/autor/thomas-ebermann.html, abgerufen am 01.12.2020

161 Internetseite Lebendiges Museum Online, Biografie von Joschka Fischer, 22.02.2016, https://www.hdg.de/lemo/biografie/joschka-fischer.html, abgerufen am 01.12.2020

162 Der Spiegel Online, „Ich hab gekämpft“, 08.01.2001, https://www.spiegel.de/spiegel/print/d-18204046.html, abgerufen am 01.12.2020

163 Internetseite der Bürgerrechtsbewegung Solidarität, Rückblick auf die grüne Gewalt, http://www.bueso.de/hessen/gruenegewalt.html, abgerufen am 15.07.2004, aktuell ist der Link nicht mehr verfügbar

164 Bild Online, Die Polizei-Akte Fischer, 11.09.2015, https://www.bild.de/politik/inland/joschka-fischer/die-polizei-akte-fischer-42530370.bild.html, abgerufen am 01.12.2020

165 Bild am Sonntag, Grüner Filz? Viel Geld für Fischers Freunde, 23.02.1986

166 t-online.de, Hintergrund: Flugbereitschaft der Bundeswehr, 04.09.2001, http://www.heute.t-online.de/ZDFheute/artikel_drucken/0,1381,4838,00.html, abgerufen am 19.08.2004, aktuell ist der Link nicht mehr verfügbar

167 MAX, 10/2002, MAX Verlag GmbH & Co. KG, Hamburg

168 Internetseite Lebendiges Museum Online, Biografie von Joschka Fischer, 22.02.2016, https://www.hdg.de/lemo/biografie/joschka-fischer.html, abgerufen am 01.12.2020

169 Bild Zeitung Köln, 26.02.2005, Seite 2

170 Welt, Joschka Fischer jetzt auch Lobbyist für Siemens, 23.10.2009, https://www.welt.de/politik/deutschland/article4950020/Joschka-Fischer-jetzt-auch-Lobbyist-fuer-Siemens.html, abgerufen am 01.12.2020

171 Bild Online, Joschka Fischer jetzt Berater für BMW, 29.04.2010, https://www.bild.de/politik/2009/berater-bei-bmw-9804566.bild.html, abgerufen am 01.12.2020

172 Internetseite World Jewish Congress, WJC Policy Council attendees (June 2006), https://web.archive.org/web/20060827152649/http://www.worldjewishcongress.org/about/aboutus_policy.html, abgerufen am 01.12.2020

173 Internetseite Lebendiges Museum Online, Biografie von Joschka Fischer, 22.02.2016, https://www.hdg.de/lemo/biografie/joschka-fischer.html, abgerufen am 01.12.2020

174 ntv, Joschka Fischer verliert, 19.05.2009, https://www.n-tv.de/panorama/Joschka-Fischer-verliert-article290110.html, abgerufen am 01.12.2020

175 Zeit Online, Verkappte Staatsfeinde oder unbequeme Demokraten?, 20.12.1985, https://www.zeit.de/1985/52/verkappte-staatsfeinde-oder-unbequeme-demokraten, abgerufen am 01.12.2020

176 Süddeutsche Zeitung Online, Joschkas Rückkehr, 19.05.2010, https://www.sueddeutsche.de/politik/ex-aussenminister-fischer-meldet-sich-zurueck-joschkas-rueckkehr-1.890303, abgerufen am 01.12.2020

177 TAZ Online, War einmal ein Revoluzzer, 19.08.2020, https://taz.de/Nachruf-auf-68er-Ulrich-Fischer/!5707498/, abgerufen am 01.12.2020

178 nd, Thüringer Grüne bekämpfen sich gegenseitig, 29.09.2008, https://www.neues-deutschland.de/artikel/136315.thueringer-gruene-bekaempfen-sich-gegenseitig.html, abgerufen am 01.12.2020

179 Welt Online, Grüner Ex-Schatzmeister muss ins Gefängnis, 09.07.2013, https://www.welt.de/vermischtes/article117878218/Gruener-Ex-Schatzmeister-muss-ins-Gefaengnis.html, abgerufen am 01.12.2020

180 vgl. ebd.

181 HRR-Strafrecht.de, BGH 5 StR 181/13 - Urteil vom 9. Juli 2013 (LG Potsdam), https://www.hrr-strafrecht.de/hrr/5/13/5-181-13.php, abgerufen am 01.02.2020

182 ntv, Gericht verurteilt Grünen-Politiker, 09.12.2012, https://www.n-tv.de/politik/Gericht-verurteilt-Gruenen-Politiker-article9653246.html, abgerufen am 01.12.2020

183 vgl. ebd.

184 Welt Online, Grüner Ex-Schatzmeister muss ins Gefängnis, 09.07.2013, https://www.welt.de/vermischtes/article117878218/Gruener-Ex-Schatzmeister-muss-ins-Gefaengnis.html, abgerufen am 01.12.2020

185 Welt Online, Fiktiver Wahlkampf: Grüne räumen Fehler ein, 25.01.2005, https://www.welt.de/print-welt/article372850/Fiktiver-Wahlkampf-Gruene-raeumen-Fehler-ein.html, abgerufen am 04.12.2020

186 Handelsblatt, Gerald Häfner könnte für Claudia Roth in den Bundestag nachrücken, 12.01.2001, https://www.handelsblatt.com/archiv/trotz-ladendiebstahl-affaere-gerald-haefner-koennte-fuer-claudia-roth-in-den-bundestag-nachruecken/2032538.html?ticket=ST-5310278-V6cxsKcthRGOgqKcaWM0-ap4, abgerufen am 04.12.2020

187 Main Post, Ex-Grünenchef Häfner zeigt Polizisten an, 09.02.1998, https://www.genios.de/document/MPW__6b630489baa91bde4ca4742464fbb45cc131b171, abgerufen am 04.12.2020

188 TAZ, „Ich will zu den Stärksten gehören", 02.01.1988, https://taz.de/Ich-will-zu-den-Staerksten-gehoeren/!1855476/, abgerufen am 04.12.2020

189 Humanistische Union, Vorgänge im Rechtsstaat oder Macht vor Bürgerrecht, aus: Vorgänge Nr. 62-63 (Heft Nr. 2-3/1983), S. 85-93, http://www.humanistische-union.de/nc/publikationen/vorgaenge/suche/ergebnisse/browse/1/back/suche-in-den-vorgaengen/article/vorgaenge-im-rechtsstaat-oder-macht-vor-buergerrecht/Vack/, abgerufen am 04.12.2020

190 Die unterwanderte Republik - Stasi im Westen, Hubertus Knabe, ISBN-10: 3548362842, 2001, Ullstein

191 Welt Online, Grünen-Fraktionschef hinterzieht jahrelang Steuern, 10.05.2014, https://www.welt.de/politik/deutschland/article127846061/Gruenen-Fraktionschef-hinterzieht-jahrelang-Steuern.html, abgerufen am 04.12.2020

192 Berliner Kurier, 13.12.1996, Seite 27

193 FAZ Online, Rot_Grün contra „Bild“ und Lufthansa, 01.08.2002, https://www.faz.net/aktuell/politik/bonusmeilen-affaere-rot-gruen-contra-bild-und-lufthansa-171210.html, abgerufen am 04.12.2020

194 Focus Online, Die Krämpfe der Genossen, 13.11.2013, https://www.focus.de/politik/deutschland/pds-die-kraempfe-der-genossen_aid_192033.html, abgerufen am 04.12.2020

195 Die Linke im Bundestag, Pressedienst, 12.02.2007, http://www.linksfraktion.de/pressemitteilung_druckversion.php?artikel=1242439288, abgerufen am 06.03.2007, aktuell ist der Link nicht mehr verfügbar

196 Spiegel Online, Linken-Abgeordnete preist Stasi-Agenten, 19.05.2010, https://www.spiegel.de/politik/deutschland/grusswort-an-ex-auslandsspitzel-linken-abgeordnete-preist-stasi-agenten-a-695759.html, abgerufen am 04.12.2020

197 Focus Online, Linke wettert gegen Polizei: Kampf gegen arabische Clans in Berlin „rassistisch“, 03.10.2019, https://www.focus.de/politik/deutschland/clankriminalitaet-linke-kampf-gegen-arabische-clans-in-berlin-ist-rassistisch_id_11203025.html, abgerufen am 04.12.2020

198 Tagesspiegel Online, Linke empört über Verfassungsschutz, 23.01.2012, https://www.tagesspiegel.de/politik/beobachtung-von-abgeordneten-linke-empoert-ueber-verfassungsschutz/6099336.html, abgerufen am 04.12.2020

199 Bild Online, Vorstand entschuldigt sich bei Pädophilie-Opfern, 20.05.2015, https://www.bild.de/regional/berlin/die-gruenen/wirbel-um-bericht-ueber-mehr-als-1000-opfer-41023026.bild.html, abgerufen am 04.12.2020

200 Bericht und Handlungsempfehlungen - Kommission zur Aufarbeitung der Haltung des Landesverbandes Berlin von Bündnis 90/ DIE GRÜNEN zu Pädophilie und sexualisierter Gewalt gegen Kinder von der Gründungsphase bis in die 1990er Jahre, Bündnis 90/DIE GRÜNEN, 2015

201 Scouting - Die Infoseite der Pfadfinder- und Jugendbewegung, Jugendbewegte unter den Tätern, 27.05.2020, https://scouting.de/jugendbewegte-unter-den-taetern/, abgerufen am 04.12.2020

202 ntv, Gab es ein grünes Missbrauchs-Netzwerk?, 20.05.2020, https://www.n-tv.de/politik/Gab-es-ein-gruenes-Missbrauchs-Netzwerk-article15132876.html, abgerufen am 04.12.2020

203 Bild Online, Vorstand entschuldigt sich bei Pädophilie-Opfern, 20.05.2015, https://www.bild.de/regional/berlin/die-gruenen/wirbel-um-bericht-ueber-mehr-als-1000-opfer-41023026.bild.html, abgerufen am 04.12.2020

204 Bericht und Handlungsempfehlungen - Kommission zur Aufarbeitung der Haltung des Landesverbandes Berlin von Bündnis 90/ DIE GRÜNEN zu Pädophilie und sexualisierter Gewalt gegen Kinder von der Gründungsphase bis in die 1990er Jahre, Bündnis 90/DIE GRÜNEN, 2015

205 Tätigkeitsbericht, Oktober 2014 bis Oktober 2015 Thomas Birk, MdA, Seite 11, http://www.thomasbirk.de/8712488.html, abgerufen am 04.12.2020

206 Süddeutsche Zeitung Online, Opfer sexuellen Missbrauchs attackiert Grüne, 10.07.2015, https://www.sueddeutsche.de/politik/kritik-an-der-aufarbeitung-opfer-sexuellen-missbrauchs-attackiert-gruene-1.2559592, abgerufen am 04.12.2020

207 Internetseite Bezirksamt Steglitz-Zehlendorf, Enthüllung der Informationsstele »Die Peter-Lorenz-Entführung«, Pressemitteilung vom 11.10.2019https://www.berlin.de/ba-steglitz-zehlendorf/aktuelles/pressemitteilungen/2019/pressemitteilung.853949.php, abgerufen am 06.12.2020

208 Die Zeit, 22.05.1981, Alternative Liste: Eine seltsame Würze, https://www.zeit.de/1981/22/eine-seltsame-wuerze, abgerufen am 15.10.2020

209 Neue Westfälische Zeitung, Lorenz-Entführer wurde vorzeitig entlassen, 22.10.1982, Seite 7

210 Internetseite der SPD Krumme Lanke Berlin, Neues zur Entführung von Peter Lorenz und ihren Folgen, 22.02.2019, https://www.spd-krumme-lanke.berlin/geschichte/, abgerufen am 15.10.2020

211 Focus Online, Einst Kommunist, heut' grün, https://www.focus.de/politik/deutschland/politik-einst-kommunist-heut-gruen_aid_614542.html07.03.2016, abgerufen am 06.12.2020

212 vgl. ebd.

213 Spiegel Online,Kretschmann erschrocken über seine Verfassungsschutz-Akte, 19.03.2015, https://www.spiegel.de/politik/deutschland/winfried-kretschmann-erschrocken-ueber-seine-verfassungsschutz-akte-a-1024201.html, abgerufen am 27.09.2020

214 »Brief aus Berlin« der CSU Landesgruppe im Deutschen Bundestag, Nr. 9, Berlin, 07.05.2004, Seite 2

215 Auto, Motor und Sport, Künast: Toyota-Aufruf in der Kritik, 13.02.2007

216 vgl. ebd.

217 Zeit-online, »Wir müssen den Islam einbürgern«, 03.09.10, https://www.zeit.de/politik/deutschland/2010-09/kuenast-sarrazin-integration, abgerufen am 06.12.2020

218 Focus-online, Bizarre Forderung von Plapper-Künast: Polizisten sollen im Einsatz bei Muslimen die Schuhe ausziehen, 20.04.2018, https://www.focus.de/politik/deutschland/irre-gruenen-forderung-bei-maischberger-kuenast-fordert-im-einsatz-bei-muslimen-sollten-polizisten-die-schuhe-ausziehen_id_4997083.html, abgerufen am 06.12.2020

219 Udo Kempf, Hans Georg Merz (Hrsg.) Kanzler und Minister 1998-2005, Biografisches Lexikon der deutschen Bundesregierung, ISBN 353114605X, VS Verlag für Sozialwissenschaften, 2008, Seite 226

220 Steffen Mayer, Susanne Opalka: Bombenterror gegen jüdische Gemeinde - nach 30 Jahren packt der Täter aus, rbb-online, 10. November 2005 lt. Wikipedia, Dieter Kunzelmann, https://de.wikipedia.org/wiki/Dieter_Kunzelmann, abgerufen am 06.12.2020

221 süddeutsche.de, Lust und Ekstase und Revolution, 21.07.2016, https://www.sueddeutsche.de/politik/nachruf-lust-und-ekstase-und-revolution-1.3088823, abgerufen am 06.12.2020

222 CDU-Dokumentation 8/1989, Rudolf Seiters: Rot-Grün, Berlin ist der endgültige Auftakt, Dokumentation der CDU/CSU-Bundestagsfraktion, https://www.kas.de/c/document_library/get_file?uuid=9c64bdad-ed1f-9e76-802b-43a14dcb40a0&groupId=252038, abgerufen am 06.12.2020

223 vgl. ebd.

224 vgl. ebd.

225 taz.de, Wo ist Dieter Kunzelmann, 04.04.1998, https://taz.de/!1350594/, abgerufen am 06.12.2020

226 CDU-Dokumentation 8/1989, Rudolf Seiters: Rot-Grün, Berlin ist der endgültige Auftakt, Dokumentation der CDU/CSU-Bundestagsfraktion, https://www.kas.de/c/document_library/get_file?uuid=9c64bdad-ed1f-9e76-802b-43a14dcb40a0&groupId=252038, abgerufen am 06.12.2020

227 Urteil des Verfassungsgerichtshofes des Freistaates Sachsen, AZ Vf.98-IV-14, vom 28.09.2015, https://www.justiz.sachsen.de/esaver/internet/2014_098_IV/2014_098_IV.pdf, abgerufen am 06.12.2020

228 badisches-Tageblatt.de, Ermittlungen gegen Lucha eingestellt: Geldauflage gezahlt, 17.09.2020, https://www.badisches-tagblatt.de/Nachrichten/Ermittlungen-gegen-Lucha-eingestellt-Geldauflage-gezahlt-55313.html, abgerufen am 22.09.2020

229 Welt.de, Der alltägliche Missbrauch in einer grünen Kommune, 21.07.2013, https://www.welt.de/politik/deutschland/article118234356/Der-alltaegliche-Missbrauch-in-einer-gruenen-Kommune.html, abgerufen am 06.12.2020

230 Welt.de, Der alltägliche Missbrauch in einer grünen Kommune, 21.07.2013, https://www.welt.de/politik/deutschland/article118234356/Der-

alltaegliche-Missbrauch-in-einer-gruenen-Kommune.html, abgerufen am 06.12.2020

231 vgl. ebd.

232 vgl. ebd.

233 vgl. ebd.

234 vgl. ebd.

235 vgl. ebd.

236 vgl. ebd.

237 vgl. ebd.

238 vgl. ebd.

239 Welt.de, "Die spielten mit Kindern, da wurde mir mulmig", 28.07.2013, https://www.welt.de/politik/deutschland/article118442857/Die-spielten-mit-Kindern-da-wurde-mir-mulmig.html, abgerufen am 06.12.2020

240 taz.de, Grünen-Politiker und Pädophilie-Affäre:Jürgen Trittins Fehler, 16.09.2013, https://taz.de/Gruenen-Politiker-und-Paedophilie-Affaere/!5059078/, abgerufen am 06.12.2020

240 Welt.de, Die Praxis der Grünen „verschlägt mir die Sprache", 13.09.2013, https://www.welt.de/politik/deutschland/article119964786/Die-Praxis-der-Gruenen-verschlaegt-mir-die-Sprache.html, abgerufen am 06.12.2020

241 vgl. ebd.

242 vgl. ebd.

243 vgl. ebd.

244 taz.de, LeserInnenbrief von Hermann Meer, Sexuelle Umorientierung-betr.: „Sozialer Zwang zur Heterosexualitaet" 07.06.1991, https://www.genios.de/document/TAZ__35fed67b08c01958627ea19171c931e9eee0dc37, abgerufen am 24.09.2020

245 Spiegel.de, Die Grünen, der Sex und die Kinder, 19.02.2010, https://www.spiegel.de/politik/deutschland/debatte-um-katholischen-missbrauch-die-gruenen-der-sex-und-die-kinder-a-678961.html, abgerufen am 07.12.2020

246 Welt Online, Polizisten geduzt: Grünen-Abgeordneter Özcan Mutlu muss 2000 Euro zahlen, 17.12.2003, https://www.welt.de/print-welt/article280701/Polizisten-geduzt-Gruenen-Abgeordneter-Oezcan-Mutlu-muss-2000-Euro-zahlen.html, abgerufen am 07.12.2020

247 Welt Online, Polizist geduzt - Prozess-Posse geht weiter, 14.09.2004, https://www.welt.de/print-welt/article340394/Polizist-geduzt-Prozess-Posse-geht-weiter.html, abgerufen am 07.12.2020

248 Tagesspiegel Online, Berliner Grüne sauer über Verhalten von Özcan Mutlu, 10.04.2016, https://www.tagesspiegel.de/berlin/mieterhoehung-fuer-kosmetiksalon-in-berlin-prenzlauer-berg-berliner-gruene-sauer-ueber-verhalten-von-oezcan-mutlu/13420778.html, abgerufen am 07.12.2020

249 Das Parlament Online, Konsequent im Richtungsstreit: Winfried Nachtwei, https://www.das-parlament.de/2009/26/MenschenMeinungen/24905086-300994, abgerufen am 07.12.2020

250 Irrtum ausgeschlossen, Ruprecht Polenz, https://www.kas.de/c/document_library/get_file?uuid=95a7571b-f76f-d51d-4ec6-a106ec031e8b&groupId=252038, abgerufen am 07.12.2020

251 MASTERARBEIT zur Erlangung des akademischen Grades eines Masters of Arts - Militanz und Gewalt in Bewegung - Der Kommunistische Bund Westdeutschland (KBW) in den Anti-AKW-Protesten in Brokdorf 1976-1977, Charlotte Janus, begutatchtet von: Prof. Dr. Michael Wildt, Dr. Astrid Mignon Kirchhof, Humboldt-Universität zu Berlin, Seite 21

252 Internetseite Omid Nouripour, https://www.nouripour.com/ueber-mich, abgerufen am 07.12.2020

253 ntv, „Isis lässt sich nur militärisch stoppen“, 11.09.2014, https://www.n-tv.de/politik/Isis-laesst-sich-nur-militaerisch-stoppen-article13590841.html, abgerufen am 07.12.2020

254 Internetseite Omid Nouripour, https://www.nouripour.com/einkuenfte-und-mitgliedschaften, abgerufen am 07.12.2020

255 Phoenix Online, Cem Özdemir: „Das war der teuerste Kredit meines Lebens“, 17.07.2004, https://www.phoenix.de/ereig/exp/11052/, abgerufen am 17.07.2004, aktuell ist der Link nicht mehr verfügbar

256 Deutschlandfunk, Özdemir bekam Kredit von PR-Berater Hunzinger, 22.07.2002, https://www.deutschlandfunk.de/oezdemir-bekam-kredit-von-pr-berater-hunzinger.694.de.html?dram:article_id=58139, abgerufen am 07.12.2020

257 TAZ Online, Archiv, https://taz.de/!1095758/, abgerufen am 07.12.2020

258 ntv, Drei Superminister für Jamaika, 03.09.2017, https://www.n-tv.de/politik/politik_person_der_woche/Drei-Superminister-fuer-Jamaika-article20063504.html, abgerufen am 07.12.2020

259 Internetseite Atlantik Brücke, Deutsch-Kanadische Konferenz 2011, https://www.atlantik-bruecke.org/deutsch-kanadische-konferenz-2011/, abgerufen am 07.12.2020

260 Internetseite Cem Özdemir, https://www.oezdemir.de/cem/biografie, abgerufen am 07.12.2020

261 vgl. ebd.

262 Internetseite Amadeu Antonio Stiftung, https://www.amadeu-antonio-stiftung.de/ueber-uns/unterstuetzerinnen-der-stiftung/, abgerufen am 07.12.2020

263 Spiegel Online, Saar-Grüne räumen ihre Büros im Landtag, 08.09.1999, https://www.spiegel.de/politik/deutschland/auf-jobsuche-saar-gruene-raeumen-ihre-bueros-im-landtag-a-40609.html, abgerufen am 07.12.2020

264 Saarbrücker Zeitung, 03.03.1995, https://www.genios.de/document/SAAR__e756263115c9b13bd638bcfa007d7000b45275c8, abgerufen am 07.12.2020

265 Saarbrücker Zeitung Online, Pollak zu Haftstrafe verurteilt. Heutiger Abgeordneter der Linken im Landtag soll falsche Gutachten erhalten haben, 19.05.2011, https://www.saarbruecker-zeitung.de/saarland/pollak-zu-haftstrafe-verurteiltheutiger-abgeordneter-der-linken-im-landtag-soll-falsche-gutachten-erhalten-haben_aid-952354, abgerufen am 07.12.2020

266 Ärzte Zeitung, Rezeptbetrüger sind nur schwer zu fassen, 23.05.2011, https://www.aerztezeitung.de/Wirtschaft/Rezeptbetrueger-sind-nur-schwer-zu-fassen-291426.html, abgerufen am 07.12.2020

267 Saarbrücker Zeitung Online, Ex-Grünen-Politiker Andreas Pollak muss in Haft, 06.07.2012, https://www.saarbruecker-zeitung.de/saarland/ex-gruenen-politiker-andreas-pollak-muss-in-haft_aid-1432328, abgerufen am 07.12.2020

268 Klaus Eichner, Gotthold Schramm (Hrsg.), Top-Spione im Westen, 2016, Verlag Das Neue Berlin, ISBN: 978-3-360-01310-1

269 vgl. ebd.

270 Hubertus Knabe, Die unterwanderte Republik - Die Stasi im Westen, 2001, Ullstein-Verlag, ISBN: 9783548362847, Seite 87

271 Michael Steffen, Geschichten vom Trüffelschwein. Politik und Organisation des Kommunistischen Bundes 1971 - 1991. Inauguraldissertation zu Erlangung des Grades eines Doktors der Philosophie, Philipps Universität Marburg, 2002

272 vgl. ebd.

273 vgl. ebd., Seite 314

274 Neues Deutschland, Personalwechsel bei „neues deutschland", 08.01.2013, https://www.neues-deutschland.de/artikel/809306.personalwechsel-bei-bneues-deutschlandl.html, abgerufen am 08.12.2020

275 Spiegel.de, Jürgen Reents, 05.03.1990, https://www.spiegel.de/spiegel/print/d-13497617.html, abgerufen am 08.12.2020

276 Frankfurter Allgemeine Zeitung, Wegen Untreue verurteilt, Oberlandesgericht beendet Mainzer »Besucheraffaire«, 24. Juni 1998

277 Stern, »Absolut Illegal«, Nr. 23, 27.05.2004, Seite 40

278 vgl. ebd.

279 vgl. ebd.

280 Munzinger-Archiv, https://www.munzinger.de/search/go/document.jsp?id=00000020870, abgerufen am 08.12.2020

281 MASTERARBEIT zur Erlangung des akademischen Grades eines Masters of Arts - Militanz und Gewalt in Bewegung - Der Kommunistische Bund Westdeutschland (KBW) in den Anti-AKW-Protesten in Brokdorf 1976-1977, Charlotte Janus, begutatchtet von: Prof. Dr. Michael Wildt, Dr. Astrid Mignon Kirchhof, Humboldt-Universität zu Berlin, Seite 21

282 Kölner Stadtanzeiger, »Schlauch zahlt aufs „Sünderkonto“«, Nr. 179, 05.08.2005

283 MAX, Nr. 10/2020, Seite 69, MAX Verlag GmbH & Co. KG, Hamburg

284 Spiegel.de, Grüne Konsequenz - AKW-Gegner Shlauh berät Energiekonzern, https://www.spiegel.de/wirtschaft/gruene-konsequenz-akw-gegner-schlauch-beraet-energiekonzern-a-405827.html, abgerufen am 08.12.2020

285 LEMO-Biografie Otto Schily, https://www.hdg.de/lemo/biografie/otto-schily.html, abgerufen am 08.12.2020

286 Zeit-Online, Sicherheitstechnik - Ein neuer Job, 11.08.2006, https://www.zeit.de/online/2006/33/schily-biometrie?utm_referrer=https%3A%2F%2Fde.wikipedia.org%2F, abgerufen am 08.12.2020

287 2003 Bilderberg Meeting Participant List, BILDERBERG MEETINGS, Versaille, France,15-18 May 2003; 2004 Bilderberg Meeting articipant List, BILDERBERG MEETINGS, Stresa, Italy, 3-6 June 2004; 2005 Bilderberg Meeting Participant List, BILDERBERG MEETINGS, Rottach-Egern, Germany, 5-8 May 2005; 2006 Bilderberg Meeting Participant List, BILDERBERG MEETINGS, Ottawa. Canada, 8-11 June 2006

288 Berliner Zeitung, bz.de, Steuergelder verschwendet? Untreue-Verdacht! Staatsanwalt ermittelt gegen Baustadtrat Schmidt, 11.09.2020, abgerufen am 08.12.2020

289 vgl. ebd.

290 vgl. ebd.

291 Internetseite Die Grünen im Bundestag, https://www.gruene-bundestag.de/abgeordnete/infos-zur-person/frithjof-schmidt#m-tab-0-lebenslauf, abgerufen am 08.12.2020

292 Internetseite von Links.Grün.Denken, https://www.gruen-links-denken.de/wer-wir-sind-2/, abgerufen am 08.12.2020

293 vgl. ebd.

294 Internetseite des Deutschen Bundestages, https://www.bundestag.de/abgeordnete/biografien/S/schmidt_frithjof-523340, abgerufen am 08.12.2020

295 Südwestfunk, Report Mainz , Sendung vom 02.06.2015, Paradies für Pädophile: Warum niemand die Täter im Umfeld der Alternativen Liste

stoppte (Manuskript), https://www.swr.de/-/id=15620770/property=download/nid=233454/1cvvmsh/manuskriptpaedophilie.pdf, abgerufen am 09.12.2020

296 Kürschners Volkshandbuch Deutscher Bundestag, 10. Wahlperiode, Neue Darmstädter Verlagsanstalt, 1984, ISBN 3875761472, Seite 178

297 Hubertus Knabe, Die unterwanderte Republik - Die Stasi im Westen, 2001, Ullstein-Verlag, ISBN: 9783548362847

298 vgl. ebd.

299 vgl. ebd.

300 Ole Giec/Frank Willmann (Hrsg.), Mauerkrieger - Aktionen gegen die Mauer in West-Berlin 1989, 2014, Ch. Links Verlag, ISBN 9783861537885, Seite 104

301 taz.de, Stasi? Immer dabei, 16.10.1999, https://taz.de/!1266614/, abgerufen am 09.12.2020

302 Spiegel-Online, Frank Schwalba-Hoth, 02.07.1984, https://www.spiegel.de/spiegel/print/d-13508173.html, abgerufen am 09.12.2020

303 welt.de, Er nennt sich Brüssels Clint Eastwood auf dem Klappfahrrad, 02.05.2006, https://www.welt.de/print-welt/article213902/Er-nennt-sich-Bruessels-Clint-Eastwood-auf-dem-Klappfahrrad.html, abgerufen am 09.12.2020

304 welt.de, Sturzbetrunkener Wahlkampfchef blamiert die Grünen, 29.06.2011, https://www.welt.de/politik/deutschland/article13458120/Sturzbetrunkener-Wahlkampfchef-blamiert-die-Gruenen.html, abgerufen am 09.12.2020

305 vgl. ebd.

306 Berliner Zeitung, B.Z., 08.02.2013, https://www.bz-berlin.de/artikel-archiv/ex-kuenast-manager-macht-jetzt-in-pappe, 08.02.2013, abgerufen am 09.12.2020

307 Bild.de, Grüner Politiker schläft blau vor roter Ampel ein, 26.06.2011, https://www.bild.de/regional/berlin/trunkenheit-am-steuer/gruener-politiker-schlaeft-blau-vor-roter-ampel-ein-18596486.bild.html, abgerufen am 09.12.2020

308 Facebook-Seite von Sebastian Striegel, 23.01.2017, https://www.facebook.com/notes/sebastian-striegel/erklärung-zum-strafbefehl-zu-einem-von-mir-verursachten-verkehrsunfall-im-salzla/1836012993334679, abgerufen am 09.12.2020

309 Welt.de, Geldstrafe für Grünen-Politiker wegen Unfallflucht, 24.01.2017, https://www.welt.de/regionales/sachsen-anhalt/article161455194/Geldstrafe-fuer-Gruenen-Politiker-wegen-Unfallflucht.html, abgerufen am 09.12.2020

310 vgl. ebd.

311 Internetseite von Hans-Christian Ströbele, http://www.stroebele-online.de/person/biographie/index.html, abgerufen am 09.12.2020

312 Berliner Morgenpost, Vita: Hans-Christian Ströbele, 04.04.2004, https://www.morgenpost.de/printarchiv/politik/article103464640/Vita-Hans-Christian-Stroebele.html, abgerufen am 09.12.2020

313 Das Erste.de, Kontraste, 02.04.1998, https://www.rbb-online.de/kontraste/ueber_den_tag_hinaus/demokratie/christian_stroebele.html, abgerufen am 09.12.2020

314 Butz Peters, 1977. RAF gegen Bundesrepublik, 2017, Droemer HC, ISBN 9783426276785

315 Weser Kurier, 13.11.2015, https://www.weser-kurier.de/region/delmenhorster-kurier_artikel,-Urteil-gegen-Suhrkamp-rechtskraeftig-_arid,1250749.html, abgerufen am 09.12.2020

316 Weser Kurier, 11.02.2015, https://www.weser-kurier.de/region/niedersachsen_artikel,-KinderpornoProzess-Ratsherr-zu-Geldstrafe-verurteilt-_arid,1054008.html?print=1, abgerufen am 09.12.2020

317 Weser Kurier, 13.11.2015, https://www.weser-kurier.de/region/delmenhorster-kurier_artikel,-Urteil-gegen-Suhrkamp-rechtskraeftig-_arid,1250749.html, abgerufen am 09.12.2020

318 vgl. ebd.

319 vgl. ebd.

320 vgl. ebd.

321 Facebook-Seite von Henning Suhrkamp, https://www.facebook.com/Politiker-Henning-Suhrkamp-205694556133930, abgerufen am 19.09.2020

322 rainer trampert.de, https://www.rainertrampert.de/zur-person, abgerufen am 10.12.2020

323 Michael Steffen, Geschichten vom Trüffelschwein. Politik und Organisation des Kommunistischen Bundes 1971 - 1991. Inauguraldissertation zu Erlangung des Grades eines Doktors der Philosophie, Philipps Universität Marburg, 2002, Seite 291

324 Internetseite der Jungle World, https://jungle.world/artikel/2015/22/wie-alles-anfing, abgerufen am 10.12.2020

325 Focus.de, Trittin - Der Etat bin ich, 13.11.2013, https://www.focus.de/politik/deutschland/trittin-der-etat-bin-ich_aid_201080.html, abgerufen am 10.12.2020

326 Die PR-Regierung - Der Medienkanzler und seine Werbemillionen, zusammengestellt von Dietrich Austermann MdB und Bernhard Kaster MdB, Arbeitsgruppe Haushalt der CDU/CSU Fraktion im Deutschen Bundestag, Seiten 11-12

327 Focus.de, Trittin - Der Etat bin ich, 13.11.2013, https://www.focus.de/politik/deutschland/trittin-der-etat-bin-ich_aid_201080.html, abgerufen am 10.12.2020

328 Brief aus Berlin, Bundesrechnungshof rügt grüne Minister, CSU Landesgruppe im Deutschen Bundestag, Berlin, Nr. 9, 07.05.2004, Ausgabe A, Seite 2

329 Deutscher Bundestag, Plenarprotokoll 14/36, 36. Sitzung, 23.04.1999, Seite 2916, https://dip21.bundestag.de/dip21/btp/14/14036.pdf, abgerufen am 10.12.2020

330 Handelsblatt, Nr. 115, 18.06.1993, Seite 7, https://www.genios.de/document/HB__069318013/hitlist/0?all=, abgerufen am 10.12.2020

331 Bild.de, Grünen-Provokateur Jürgen Trittin - Meistens hart, aber er kann auch herzlich, 26.11.2017, https://www.bild.de/politik/inland/politik-inland/meistens-hart-aber-er-kann-auch-herzlich-53982734.bild.html, abgerufen am 10.12.2020

332 Berliner Zeitung, bz.de, 18.07.2004, Umweltminister fährt Audi A8 4,2 quaddro L mit 310 PS, https://www.bz-berlin.de/artikel-archiv/umweltminister-faehrt-audi-a8-42-quattro-l-mit-310-ps, abgerufen am 10.12.2020

333 Spiegel Online, Pädophilen-Aktivist war verurteilter Straftäter, 26.05.2013, https://www.spiegel.de/politik/deutschland/gruener-paedophilen-aktivist-war-verurteilter-straftaeter-a-901937.html, abgerufen am 11.12.2020

334 Zeit Online, Dany vermittelt „felling", 17.04.1981, https://www.zeit.de/zustimmung?url=https%3A%2F%2Fwww.zeit.de%2F1981%2F17%2Fdany-vermittelt-felling%2Fseite-5, abgerufen am 11.12.2020

335 Bericht und Handlungsempfehlungen, Kommission zur Aufarbeitung der Haltung des Landesverbandes Berlin von Bündnis 90/ DIE GRÜNEN zu Pädophilie und sexualisierter Gewalt gegen Kinder von der Gründungsphase bis in die 1990er Jahre, Bündnis 90/DIE GRÜNEN, Mai 2015, Seite 10, https://gruene.berlin/sites/gruene-berlin.de/files/benutzer/henriette.kluge/bericht_komm_aufarbeitung_gruene_berlin_.pdf, abgerufen am 11.12.2020

336 vgl. ebd.

337 vgl. ebd.

338 Spiegel Online, Rosa Flieder, 27.05.2013, https://www.spiegel.de/spiegel/print/d-96238897.html, abgerufen am 11.12.2020

339 vgl. ebd.

340 Svgl. ebd.

341 Pattaya Mail, German perverts jailed, http://www.pattayamail.com/175/news12.shtml, abgerufen am 11.12.2020

342 Bayerische Staatszeitung Online, Strafbefehl gegen Grünen-Politiker Urban, 13.07.2020, https://www.bayerische-staatszeitung.de/staatszeitung/landtag/detailansicht-landtag/artikel/10500-euro.html#topPosition, abgerufen am 11.12.2020

343 Münchner Merkur, Merkur.de, Strafbefehl gegen Grünen-Abgeordneten Urban: Anwalt legt Widerspruch ein, 27.07.2020, https://www.merkur.de/lokales/wolfratshausen/eurasburg-ort377102/hans-urban-gruenen-politiker-eurasburg-google-street-view-auto-politische-immunitaet-staatsanwaltschaft-13767170.html, abgerufen am 11.12.2020

344 Welt Online, Staatsminister Volmer zahlt Freiflug zurück, 10.08.2002, https://www.welt.de/print-welt/article405752/Staatsminister-Volmer-zahlt-Freiflug-zurueck.html, abgerufen am 11.12.2020

345 Spiegel Online, Fischers Staatsminister Volmer will nicht mehr, 04.10.2002, https://www.spiegel.de/politik/deutschland/ruecktritt-fischers-staatsminister-volmer-will-nicht-mehr-a-216738.html, abgerufen am 11.12.2020

346 taz online, Wüppesahl-Fall vor Euro-Gericht, 29.01.2007, https://taz.de/!323516/, abgerufen am 11.12.2020

347 Tagesspiegel Online, Kurzer Weg in die Freiheit, 01.07.2007, https://www.tagesspiegel.de/berlin/thomas-wueppesahl-kurzer-weg-in-die-freiheit/973692.html, abgerufen am 11.12.2020

348 Focus Online, Kritischer Polizist, 13.11.2013, https://www.focus.de/politik/deutschland/verbrechen-kritischer-polizist_aid_199369.html, abgerufen am 11.12.2020

349 vgl. ebd.

350 Abendzeitung München, Plante Ex-Abgeordneter einen Mord?, Freitag den 04.03.2005

351 FAZ, Viereinhalb Jahre für Wüppesahl, Freitag den 08.07.2005, Nr. 156, https://www.genios.de/document/FAZ__FD220050708274558/hitlist/10?all=, abgerufen am 11.12.2020

352 Menschenrechtsbeschwerde von Thomas Wüppesahl an den europäischen Gerichtshof für Menschenrechte, 27.12.2006, http://www.wueppesahl.de/aktuelles/Menschenrechtsbeschwerde.pdf, abgerufen am 11.12.2020

353 Welt Online, Liberaler Bewährungshelfer, 24.10.2007, https://www.welt.de/welt_print/article1296063/Nachrichten.html, abgerufen am 11.12.2020

354 Internetseite von Thomas Wüppesahl, Die Menschenrechtsbeschwerde beim Europäischen Gerichtshof, http://wueppesahl.de/europaeischer_gerichtshof/index.htm, abgerufen am 11.12.2020

355 Hamburger Morgenpost Online, Thomas Wüppesahl Cop, Gangster - und bald Bürgermeister?, 01.10.2009, https://www.mopo.de/thomas-wueppesahl-cop—gangster—und-bald-buergermeister—20056950, abgerufen am 11.12.2020

[356] shz.de, Wüppesahl will Bürgermeister von Geesthacht werden, 24.09.2009, https://www.shz.de/regionales/schleswig-holstein/panorama/wueppesahl-will-buergermeister-von-geesthacht-werden-id710766.html, abgerufen am 11.12.2020

[357] Lauenburgische Landeszeitung, Wüppesahl kann nicht Bürgermeister werden, 25.10.2009, https://www.abendblatt.de/region/kreis-lauenburg/geesthacht/article112515505/Wueppesahl-kann-nicht-Buergermeister-werden.html, abgerufen am 11.12.2020

[358] Internetseite der Johann Guttenberg-Universität Mainz, Kommission zur Untersuchung des Verdachts wissenschaftlichen Fehlverhaltens, https://forschung.uni-mainz.de/kommission-zur-untersuchung-des-verdachts-wissenschaftlichen-fehlverhaltens/, abgerufen am 13.12.2020

[359] Internetseite der Johann Guttenberg-Universität Mainz, Endgültiges Ergebnis der gewählten Mitgliederinnen und Mitglieder für den Senat der JGU im WiSe 2018/2019, https://www.verwaltung.zentrale-dienste.uni-mainz.de/files/2019/02/Senat.pdf, abgerufen am 13.12.2020

[360] Nordwest-Zeitung, NWZ, Oldenburg, Gericht ermäßigt Strafe für Grünen-Stadtrat, 23.09.1986, Nr. 221

[361] vgl. ebd.

[362] Nordwest-Zeitung, NWZ, Oldenburg, Grüner Politiker mißbrauchte Kleinkind: Acht Jahre Haft, 01.11.1985, Nr. 225

[363] Nordwest-Zeitung, NWZ, Oldenburg, Gericht ermäßigt Strafe für Grünen-Stadtrat, 23.09.1986, Nr. 221

[364] vgl. ebd.

[365] Zeit-online, Haftbefehl gegen Büroleiter des Grünen-Abgeordneten Koenigs, 09.10.2013, https://www.zeit.de/politik/deutschland/2013-10/ermittlungen-bueroleiter-koenigs-giessen, abgerufen am 12.12.2020

[366] Bild.de, Haftbefehl gegen Büroleiter von Top-Grünen, 09.10.2013, https://www.bild.de/politik/inland/kindesmissbrauch/bueroleiter-von-top-gruenen-wegen-kindesmissbrauchs-angeklagt-32847178.bild.html, abgerufen am 12.12.2020

[367] vgl. ebd.

[368] Frankfurter Allgemeine Zeitung, faz.net, Früherer Büroleiter von Tom Koenigs wegen Missbrauchs verurteilt, 17.11.2014, https://www.faz.net/aktuell/gesellschaft/giessen-tom-koenigs-ex-bueroleiter-wegen-missbrauch-verurteilt-13270756.html, abgerufen am 12.12.2020

[369] Zeit-online, Haftbefehl gegen Büroleiter des Grünen-Abgeordneten Koenigs, 09.10.2013, https://www.zeit.de/politik/deutschland/2013-10/ermittlungen-bueroleiter-koenigs-giessen, abgerufen am 12.12.2020

Die Lobbyverbände in denen Mitglieder und Mandatsträger von Bündnis 90/Die Grünen aktiv sind oder waren

370 Berliner Zeitung, Ein Whos who der Politik und Wirtschaft, 17.04.2002, https://www.berliner-zeitung.de/ein-whos-who-der-politik-und-wirtschaft-li.7560, abgerufen am 25.11.2020

371 vgl. ebd.

372 Internetseite American Council on Germany, History, https://www.acgusa.org/about-us/history/, abgerufen am 25.11.2020

373 Berliner Zeitung, Ein Whos who der Politik und Wirtschaft, 17.04.2002, https://www.berliner-zeitung.de/ein-whos-who-der-politik-und-wirtschaft-li.7560, abgerufen am 25.11.2020

374 Atlantik-Brücke e.V., Jahresbericht Juni 2009 bis Juni 2010, https://www.atlantik-bruecke.org/wp-content/uploads/jb-0910-final.pdf, abgerufen am 25.11.2020

375 LEMO, Lebendiges Museum online, John McCloy 1895-1989, https://www.hdg.de/lemo/biografie/john-mccloy.html, abgerufen am 25.11.2020

376 Wikipedia, John McCloy, https://de.wikipedia.org/wiki/John_Jay_McCloy, abgerufen am 25.11.2020

377 Bilderberg Meetings, St. Simons Island Conference, USA, 15-17 February 1957, List of Participants

378 Bilderberg Meetings, Buxton Conference, England, 13-15 September 1958, List of Participants

379 Robert Gaylon Ross, Sr, Who‘s Who of the Elite, Edition RIE, USA, ISBN 096498801, Seite 205

380 vgl. ebd.

381 Bilderberg Meetings, Buxton Conference, Williamsburg Conference, Virginia, USA, 20-22 March 1964, List of Participants

382 Bilderberg Meetings, Villa D'Este Conference, Italy, 2-4 April 1965, List of Participants

383 Bilderberg Meetings, Wiesbaden Conference, Germany, 2-4 April 1966, List of Participants

384 Zeit, 4.10.1956, https://www.zeit.de/1956/40/warburgs-rueckkehr?print, abgerufen am 25.11.2020

385 Eduard Rosenbaum, Ari J. Sherman: Das Bankhaus M.M.Warburg & CO. 1798-1938. Verlag Hans Christians, Hamburg 1976, S. 66, 67 zitiert auf Wikipedia, https://de.wikipedia.org/wiki/Max_Warburg#cite_note-8, abgerufen am 25.11.2020

386 Offizielle Paul M.Warburg-Biografie der Federal Reserve History, https://www.federalreservehistory.org/people/paul-m-warburg, abgerufen am 25.11.2020

387 Wikipedia, https://de.wikipedia.org/wiki/Siegmund_G._Warburg, abgerufen am 25.11.2020

388 Robert Gaylon Ross, Sr, Who's Who of the Elite, Edition RIE, USA, ISBN 096498801, Seite 201

389 Geschichte der Atlantik-Brücke, https://www.atlantik-bruecke.org/geschichte-der-atlantik-bruecke/, abgerufen am 25.11.2020

390 Internetseite des Bankenverbandes, https://bankenverband.de/ueber-uns/historie/, abgerufen am 25.11.2020

391 Geschichte der Atlantik-Brücke, https://www.atlantik-bruecke.org/geschichte-der-atlantik-bruecke/, abgerufen am 25.11.2020

392 Internetseite der Konrad-Adenauer-Stiftung, https://www.kas.de/de/web/geschichte-der-cdu/personen/biogramm-detail/-/content/erik-blumenfeld, abgerufen am 25.11.2020

393 Internetseite der Atlantik-Brücke, https://www.atlantik-bruecke.org/die-atlantik-bruecke/, abgerufen am 25.11.2020

394 Jahresbericht der Atlantik-Brücke Juni 2009 bis Juni 2010, https://www.atlantik-bruecke.org/wp-content/uploads/jb-0910-final.pdf, abgerufen am 26.11.2020

395 Internetseite der Atlantik-Brücke,https://www.atlantik-bruecke.org/?s=leisler+kiep, abgerufen am 26.11.2020

396 Robert Gaylon Ross, Sr, Who's Who of the Elite, Edition RIE, USA, ISBN 096498801, Seite 188

397 Internetseite der DGAP, https://dgap.org/de/presse/news/trauer-um-walther-leisler-kiep, abgerufen am 26.11.2020

398 Internetseite der Atlantik-Brücke, https://www.atlantik-bruecke.org/die-atlantik-bruecke/vorstand/, abgerufen am 26.11.2020

399 Internetseite The Trilateral Commssion, http://trilateral.org/download/files/TC_list_11_15.pdf, abgerufen am 26.11.2020

400 Internetseite der DGAP, https://dgap.org/de/presse/news/dr-thomas-enders-ist-neuer-praesident-der-dgap, abgerufen am 26.11.2020

401 Internetseite der Atlantik-Brücke, https://www.atlantik-bruecke.org/die-atlantik-bruecke/vorstand/, abgerufen am 26.11.2020

402 Bilderberg Meetings, 2014 - The Mariott Hotel, Copenhagen, Denmark, 29th May - 1st June, List of Participants; Bilderberg Meetings, 2015 - Telfs-Buchen, Österreich, List of Participants; Bilderberg Meetings, 2010 - Sitges, Spain, 3rd - 6th June, List of Participants;

403 Membership-List, The Trilateral Commission, February 2006

404 Internetseite der DGAP, https://dgap.org/de/presse/news/dr-thomas-enders-ist-neuer-praesident-der-dgap, abgerufen am 26.11.2020

405 Internetseite der Atlantik-Brücke, https://www.atlantik-bruecke.org/die-atlantik-bruecke/vorstand/, abgerufen am 26.11.2020

406 Membership-List, The Trilateral Commission, April 2014

407 Manager-Magazin, 17.03.2016, https://www.manager-magazin.de/unternehmen/personalien/friedrich-merz-wird-lobbyist-des-investmentriesen-blackrock-a-1082798.html, abgerufen am 26.11.2020

408 Neue Zürcher Zeitung, Ein Europäer der ersten Stunde, 11.04.2017, https://www.nzz.ch/meinung/polens-beitrag-zur-einigung-ein-europaeer-der-ersten-stunde-ld.1085510, abgerufen am 28.11.2020

409 vgl. ebd.

410 Frankfurter Rundschau, Geheimes Treffen der Elite, 07.06.2020, https://www.fr.de/politik/geheimes-treffen-elite-11659148.html, abgerufen am 28.11.2020

411 vgl. ebd.

412 vgl. ebd.

413 Die Welt, Trittin nach Bilderberg-Konferenz in Erklärungsnot, 5.06.2012, https://www.welt.de/politik/deutschland/article106419336/Trittin-nach-Bilderberg-Konferenz-in-Erklaerungsnot.html, abgerufen am 28.11.2020

414 Bilderberg Meetings, 2008 - Chantilly, Virginia, USA5-8 June 2008, List of Participants

415 Spiegel International, The European Council on Foreign Relations, New Think Tank Hopes to Put Europe Back on the Map, 11.10.2007, https://www.spiegel.de/international/europe/the-european-council-on-foreign-relations-new-think-tank-hopes-to-put-europe-back-on-the-map-a-510882.html, abgerufen am 27.11.2020

416 Bilderberg Meetings, 2014 - The Mariott Hotel, Copenhagen, Denmark, 29th May - 1st June, List of Participants; Bilderberg Meetings, 2010 - Sitges, Spain, 3rd - 6th June, List of Participants

417 Internetseite des European Council on Foreign Relations, https://ecfr.eu/leadership/, abgerufen am 27.11.2020

418 Internetseite des Project Syndicate, https://www.project-syndicate.org/archive?query=Carl+bild, abgerufen am 27.11.2020

419 The Trilateral Commission, Membership in January 2020, http://trilateral.org/download/files/TC-MEMBERSHIP-LIST-JANUARY-2020.pdf, abgerufen am 27.11.2020

420 vgl. ebd.

421 Internetseite der Atlantik-Brücke, https://www.atlantik-bruecke.org/die-atlantik-bruecke/gremien/, abgerufen am 28.11.2020

422 Bilderberg Meetings, 2012 - Chantilly, Virginia, USA, 31st May - 3rd June, List of Participants; Bilderberg Meetings, 2008 - Chantilly, Virginia, USA, 5th - 8th June, List of Participants

423 Internetseite des European Council on Foreign Relations, https://ecfr.eu/berlin/de/council/, abgerufen am 27.11.2020

424 Bilderberg Meetings, 2008 - Chantilly, Virginia, USA5-8 June 2008, List of Participants

425 Süddeutsche Zeitung, 27.11.2020, https://www.sueddeutsche.de/politik/ex-aussenminister-fischer-meldet-sich-zurueck-joschkas-rueckkehr-1.890303, abgerufen am 27.11.2020

426 The Trilateral Commission, Membership in May 2005

427 Internetseite Council on Foreign Relations, https://www.cfr.org/membership/roster, abgerufen am 28.11.2020

428 Bilderberg Meetings,, 1990 - Glen Cove, New York, USA, 10th-13th May, List of Participants

429 Internetseite des European Council on Foreign Relations, https://ecfr.eu/council/, abgerufen am 27.11.2020

430 Internetseite der DGAP, https://dgap.org/de/ueber-uns/die-organe-der-gesellschaft, abgerufen am 28.11.2020

431 Internetseite der Atlantik Brücke, https://www.atlantik-bruecke.org/die-atlantik-bruecke/gremien/weitere-vorstandsmitglieder/, abgerufen am 27.11.2020

432 Internetseite der Europa Union Deutschland, https://www.europa-union.de/ueber-uns/parlamentariergruppen/deutscher-bundestag/a-z-19-bt, abgerufen am 27.11.2020

433 Internetseite des European Council on Foreign Relations, https://ecfr.eu/berlin/de/council/, abgerufen am 27.11.2020

434 Deutsche Gesellschaft für Auswärtige Politik e.V, 50 Jahre Deutsche Gesellschaft für Auswärtige Politik e.V., https://dgap.org/sites/default/files/50_jahre_dgap.pdf, abgerufen an 26.11.2020

435 vgl. ebd.

436 Internetseite der Deutsche Gesellschaft für Auswärtige Politik e.V, https://dgap.org/de/foerderer, abgerufen am 26.11.2020

437 Deutsche Gesellschaft für Auswärtige Politik e.V, 50 Jahre Deutsche Gesellschaft für Auswärtige Politik e.V., https://dgap.org/sites/default/files/50_jahre_dgap.pdf, abgerufen an 26.11.2020

438 Internetseite der Atlantik-Brücke, https://www.atlantik-bruecke.org/die-atlantik-bruecke/vorstand/, abgerufen am 26.11.2020

439 Internetseite The Trilateral Commsiion, http://trilateral.org/download/files/TC_list_11_15.pdf, abgerufen am 26.11.2020

440 Deutsche Gesellschaft für Auswärtige Politik e.V, 50 Jahre Deutsche Gesellschaft für Auswärtige Politik e.V., https://dgap.org/sites/default/files/50_jahre_dgap.pdf, abgerufen am 26.11.2020

441 Werner Rügemer: Der Bankier. Ungebetener Nachruf auf Alfred von Oppenheim. 3. Geschwärzte Auflage 2006, S. 32f

442 Internetseite der Europa Union Deutschland e.V., https://www.europa-union.de/ueber-uns/geschichte, abgerufen am 26.11.2020

443 Der Beitrag der Europäischen Föderalisten zum Einigungsprozess, Sergio Pistone und Otto Schmuck, Seiten 3,10, https://www.europa-union.de/fileadmin/files_eud/PDF-Dateien_EUD/Allg._Dokumente/Geschichte_EUD___UEF.pdf, abgerufen am 26.11.2020

444 Europäische Kommission, Altiero Spinelli: Unbeugsamer Föderalist, https://europa.eu/european-union/sites/europaeu/files/docs/body/altiero_spinelli_de.pdf, abgerufen am 27.11.2020

445 Das Manifest von Ventotene, Altiero Spinelli und Ernesto Rossi, 1941, https://www.jef.de/ueber-uns/geschichte/manifest-von-ventotene, abgerufen am 27.11.2020

446 Internetseite der Europa Union, Aktionskomitee für die Vereinigten Staaten von Europa! - Einwurf von EUD-Generalsekretär Christian Moos, https://www.europa-union.de/ueber-uns/meldungen/aktuelles/aktionskomitee-fuer-die-vereinigten-staaten-von-europa-einwurf-von-eud-general/, abgerufen am 27.11.2020

447 The Telegraph, 19,09.2000, https://www.telegraph.co.uk/news/worldnews/europe/1356047/Euro-federalists-financed-by-US-spy-chiefs.html, abgerufen am 27.11.2020

448 Online Archive of California, https://oac.cdlib.org/findaid/ark:/13030/kt7779r94m/entire_text/

Umweltschutz - kein Patent der Grünen?

449 Herrmann Flohn in der »Zeitschrift für Erdkunde«, Die Tätigkeit des Menschen als Klimafaktor, 1941

450 Dr.-Ing.-Franz Lawaczeck, »Technik und Wirtschaft im Dritten Reich«, Nationalsozialistische Bibliothek, Heft Nr. 38,1933. Verlag Franz Eher Nachf., München

451 Handelsblatt.com, 01.10.2014, https://www.handelsblatt.com/adv/digital-vernetzt/energie/evolution-der-windkraftanlage-gegen-wind-und-vorurteile/9800316.html?ticket=ST-8095744-0F0VXCozGYw6PfXhmSRP-ap5 abgerufen am 06.11.2020

452 Kleinhenz, F.: Das Großwindkraftwerk MAN-Kleinhenz, Erweiterter Sonderdruck der RAW, 1941, laut Erich Hau, Windkraftanlagen - Grundlagen, Technik, Einsatz, Wirtschaftlichkeit, 2014, ISBN 978-3-642-28877-7, Seite 31

453 Reichsarbeitsgemeinschaft „Windkraft“, Denkschrift, 1939, laut www.hermann-foettinger.de, https://www.hermann-foettinger.de/Projekte/RAW/raw.ht4.GIF, abgerufen am 07.11.2020

454 Reichsgesetzblatt, Teil 1, 1935, 1. Juki 1935, Nr. 68, Seiten 821-826

455 Claus Ungewitter (Hg.), Verwertung des Wertlosen, Verlag Wilhelm Limpert, Berlin, 1938, Seite 169

456 Dipl.-Volkswirt Dr. Adolf Stöcker, Referent beim Reichskommissar für Altmaterialverwertung, Altmaterial - Die wirtschaftliche Bedeutung für Deutschland, Verlag Ewald Ebelt, Halle (Saale), ca. 1938, Seite 7

457 Claus Ungewitter (Hg.), Verwertung des Wertlosen, Verlag Wilhelm Limpert, Berlin, 1938, Seite 165

458 Dipl.-Volkswirt Dr. Adolf Stöcker, Referent beim Reichskommissar für Altmaterialverwertung, Altmaterial - Die wirtschaftliche Bedeutung für Deutschland, Verlag Ewald Ebelt, Halle (Saale), ca. 1938, Seite 40. Wortlaut der Anordnung im »Deutschen Reichs- und Preußischen Staatsanzeiger«, Nr. 187, 16. August 1937

458 Dipl.-Volkswirt Rudolf Petzold, Die Altstoffe und die Rohstoffversorgung Deutschlands, Verleger: Spezialbetrieb für Dissertationsdruck von Robert Noske, Borna-Leipzig, 1941, Seite 92

460 Claus Ungewitter (Hg.), Verwertung des Wertlosen, Verlag Wilhelm Limpert, Berlin, 1938, Seite 20

461 Dorothee Neumaier, Abfallwirtschaft und Ressourcenmanagement im Dritten Reich, in Journal of New Frontiers in Spatial Concepts, Nr. 5, 2013, https://docplayer.org/150574057-Abfallwirtschaft-und-ressourcenmanagement-im-dritten-reich.html, abgerufen am 17.12.2020

462 Claus Ungewitter (Hg.), Verwertung des Wertlosen, Verlag Wilhelm Limpert, Berlin, 1938, Seite179

463 Dipl.-Volkswirt Rudolf Petzold, Die Altstoffe und die Rohstoffversorgung Deutschlands, Verleger: Spezialbetrieb für Dissertationsdruck von Robert Noske, Borna-Leipzig, 1941, Seite 18

464 Claus Ungewitter (Hg.), Verwertung des Wertlosen, Verlag Wilhelm Limpert, Berlin, 1938, Seite 164

465 Werner Ziegler, Aufgaben und Erfolge der Altmaterialwirtschaft, in Der Vierjahresplan 1938, Nr. 11

466 Altstoffsammlungen in Hamburg, in: Die Städtereinigung 2,18. laut Dorothee Neumaier, Abfallwirtschaft und Ressourcenmanagement im Dritten Reich, in Journal of New Frontiers in Spatial Concepts, Nr. 5, 2013, https://docplayer.org/150574057-Abfallwirtschaft-und-ressourcenmanagement-im-dritten-reich.html, abgerufen am 17.12.2020

Index

Das aktuelle »Besatzungsrecht« in Deutschland und die Souveränitätsfrage

Band 1

Dokumentation und Gesetzestexte

Mit dem »Zwei-plus-Vier-Vertrag« hat die Bundesrepublik Deutschland 1990 offiziell die volle Souveränität erlangt. Auch die Rechtswissenschaftliche Literatur geht von der weitgehenden Erledigung allen Besatzungsrechts aus.

Zu keinem Thema wurde so viel Unsinn - von allen Seiten - veröffentlicht, wie zu diesem. In diesem Buch wird der nicht überschaubaren Materie des Besatzungsrechts nachgegangen und analysiert. Wir stießen bei unseren Recherchen auf umgewandeltes, fortgeltendes und in deutsches Recht übernommenes Besatzungsrecht.

Fazit: Der Abbau des Besatzungsrechts ist immer noch nicht vollständig abgeschlossen.

Und wie steht es um die Souveränität Deutschlands? Wie ist die Aussage des Bundestagspräsidenten Wolfgang Schäuble, Deutschland ist *»seit dem 8. Mai 1945 zu keinem Zeitpunkt mehr voll souverän gewesen«* zu verstehen? War Deutschland in seiner Geschichte je souverän? Dieses Buch gibt Antworten.

VAWS-Pressebüro, Das aktuelle »Besatzungsrecht« in Deutschland und die Souveränitätsfrage, ISBN 978-3-927773-76-9, 184 Seiten, Euro 24,80